家庭教育书架

U0582410

告诉孩子，你真棒

张 丹 编著

差之**毫厘**，失之**千里**，
孩子的成功，往往来自**父母**家教方法的**点滴改变**！

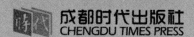
成都时代出版社
CHENGDU TIMES PRESS

图书在版编目（CIP）数据

告诉孩子，你真棒/张丹编著.--成都：成都时
代出版社，2014.3（2018.5重印）
ISBN 978-7-5464-1121-7

Ⅰ.①告… Ⅱ.①张… Ⅲ.①家庭教育 Ⅳ.①G78

中国版本图书馆CIP数据核字(2014)第039578号

告诉孩子，你真棒

GAOSU HAIZI NI ZHENBANG

张 丹 编著

出 品 人 石碧川
责任编辑 陈德玉
责任校对 李 航
装帧设计 欧阳永华
责任印制 唐莹莹

出版发行 成都时代出版社
电 话 （028）86621237（编辑部）
（028）86615250（发行部）
网 址 www.chengdusd.com
印 刷 北京一鑫印务有限责任公司
规 格 710mm×1000mm 1/16
印 张 14.25
字 数 230千
版 次 2014年5月第1版
印 次 2018年5月第2次印刷
书 号 ISBN 978-7-5464-1121-7
定 价 28.00元

前　言

在漫长的人生路上，每个人都会有许多事不能如愿以偿。心理素质好的豁达开朗，沉着应对，于是成功了；心理素质差的，烦恼纠缠，难以自拔，于是倒下了。就像一个木桶，它的盛水量不取决于最长的那块木板（智商）而取决于最短的那块木板（情商）。

"玉不琢，不成器"，今天所有加之于我们孩子身上的磨炼，都是为了提升将来孩子的成就而特别计划的。愿意塑造神像或者塑造木鱼，决定权完全在于教育者自己。

孩子渴望被尊重，首先是被家长和老师尊重。任何微小的成功，都能增强人的自信。父母给孩子的是鼓励和欣赏，而不是迁就和姑息。告诉孩子：这世界看你，确实如同你看这个世界啊。每个人的脸都是一面镜子，反映一切，也改变一切。

一旦你的孩子从内心决定要得第一，那么他一定能取得更好的成绩。

树根越是深入大地，树干才越能挺拔向上；苔藓在被人遗忘的角落，仍有青春奋斗的足迹。只要站起来的次数比倒下去的次数多一次，那就是成功。

自信心培养对于孩子的性格形成和人生走向，具有关键作用。没有自信的孩子就像是没有接受阳光雨露滋润的花花草草，是会失去自己的朝气与生命力的；而有自信的孩子就像是向日葵，一直面向阳光，微笑接收正能量，积极向上，不断成长。经常告诉孩子你真棒，则是培养孩子自信的很简单的办法，让孩子知道原来"我很棒"，给孩子鼓励，能让孩子敢于大胆地表达自己的想法、敢于想象、敢于去尝试，给孩子的未来注入希望，让他们发现自己的独特。

人的注意力很有意思。你注意什么，就会得到什么——如果你欣赏你的孩子，你将会培养出一个令你欣赏的孩子。父母的言行和思考模式及做事的原则一定会影响自己的孩子。对于孩子，你说他行，他就行；你说他不行，他就不行。你为他喝彩，他会给你一个又一个惊喜；你说他不如别人，他会用行动证明他真的很笨。殊不知，"你真行"这句话是开启学生心灵宝藏的一把金钥匙。

作为家长，我们要随时随地用欣赏的眼光看学生，用"孩子的世界是多彩"的这一标准评判孩子。如此你就会发现，我们的孩子都是最棒的。

请真诚、亲切地告诉孩子：你真棒！你能行！

目 录 CONTENTS

第一章
在赏识中教育孩子

一、孩子的好奇心是认识世界的一种方式

　　孩子的眼睛是雪亮的，也是揉不得沙子的。于是很多对于成人来说习以为常的现象，便成了孩子的"新发现"。"妈妈，快来看，小鸟用草和泥做窝了。""小猫、小狗都喜欢晒太阳。""小鹅和小鸭都穿着同样的'黄衣服'，而长大后就不是了。"……孩子们经常会兴奋地向父母报告他们的新发现。要知道，这些发现是如此珍贵，它不仅表明孩子对世界充满好奇，而且表示他们在观察和思考。有时，孩子的发现对于成年人来说，并不新奇，因此，我们往往会以自己的眼光来看待孩子的发现，认为孩子就是孩子，玩性十足，更令人痛心的是，父母往往把孩子的发现当作幼稚可笑的游戏而忽略了。其实，孩子的新奇发现是他认识世界的一种方式，而且，其中不乏很有价值的发现。

　　赏识孩子的发现，就要善于观察孩子，及时看到孩子的新发现。当孩子向父母报告新发现的时候，父母一定要像对待重大发现一样满怀热情，分享孩子的快乐，同时给予积极的赏识，激励孩子发现更多的新事物、探究世界的奥秘。

　　一次，小达尔文问妈妈："妈妈，泥土能长出人来吗？"妈妈笑道："哪能呢，孩子。人是妈妈生的，不是泥土里长出来的。"小达尔文又问："我是妈妈生的，妈妈是姥姥生的，对吗？""对呀！所有的人都是他妈妈生的。"妈妈和蔼地回答他。"可是，我一直闹不明白，最早的妈妈又是谁生的呢？"达尔文进一步问。"是上帝！"妈妈回答说。"那上帝又是谁生的呢？"小达尔文打破砂锅问到底。妈妈答不上来了，但她没有生气，而是温和地说："孩子，你为什么要问这个问题？"小达尔文说："最近我一直想弄清楚，谁是世界上第一个人。"妈妈启发道："孩

子，世界上有好多事情对我们来说都是未解之谜，等你长大了，就去破解这些谜好吗？"从此，达尔文对花草树木、鸟雀虫鱼表现出极大的兴趣。上学以后，他仍然保持着这种兴趣。

孩子不但善于发现"新鲜"事物，也具有对新鲜事物刨根问底的好奇心。他们一旦有了新发现，就会向自己的爸爸妈妈提出这样那样的问题。做家长的一定要保护好孩子的这种热情，把这种热情化作求知的动力。

在爱迪生很小的时候，有一天，母亲正在厨房忙着，爱迪生好像有了个惊人发现似的跑来，睁大眼睛问："妈妈，咱们家的那只母鸡真奇怪，它把鸡蛋放在屁股底下坐着，为什么？"母亲呵呵笑了，她放下手里的活儿，认真地对爱迪生说："鸡妈妈那是在孵小宝贝呢！它把那些蛋孵热后，就会有小鸡从里面钻出来。你看咱家那些毛茸茸的小鸡，它们都是被鸡妈妈这样孵出来的。"小爱迪生听了，觉得真神奇。他认真想了一会儿，抬头问道："难道把蛋放在屁股底下就能把小鸡孵出来吗？""对啊，就是这么回事！"母亲微笑着点头。

儿子总算不再提问了。可等到饭做好了，母亲忽然发现小爱迪生不见了，哪儿都找不到，母亲急了，大声喊儿子的名字。这时，听到从库房里传来他的答应声。母亲觉得很奇怪，过去一看，原来爱迪生在那儿做了个"窝"，里面放了好多鸡蛋，他正一本正经地蹲在上面。母亲更奇怪了，问道："你在干什么啊？"爱迪生说："妈妈，你不知道吗？我在孵小鸡啊！"看到儿子一本正经的样子，母亲乐了。

母亲得知儿子上学时曾经受到过老师的误解，决定到学校问明情况。谁知老师当面数落她的儿子："他脑子太笨了，成绩差得一塌糊涂，总是爱问一些不着边际的问题。我们真教不好你这样的儿子。"母亲替儿子辩解说："问题多是因为孩子爱思考，好奇心强，求知欲旺盛。他的智力绝对没有问题，而且比别人的孩子还要聪明很多。既然你认为我的孩子不可救药，那我就把他带回家吧，我自己来教他。"

从此，爱迪生的母亲就当起儿子的家庭教师。对于儿子稀奇古怪的问题，只要她知道的，就努力回答；不知道的，就让儿子去看书。当她发现儿子对物理化学很感兴趣后，就给儿子买了本《派克科学读本》，她还劝丈夫把家里的小阁楼改造成儿子的小小实验室。

就这样，在这个不怕被问"为什么"的母亲的教育下，爱迪生虽然没有在学校读过几年书，却从 16 岁时起就开始搞出许多伟大的发明，为人类社会的发展作出了巨大的贡献。

二、顾及和满足孩子的个性需要

现代社会对人的评价标准早已在不知不觉中发生着变化，不再崇尚整齐划一，而是张扬个性、表现自我。越来越多的家长也已经认识到：在孩子一生中，起主导作用的不光是智力，还有他们的创造力、社会技能、沟通能力、适应能力等各方面的素质，也就是"个性"，他们希望自己的孩子拥有迷人的个性，而不是平庸之辈。

少儿阶段最可贵的就是孩子的个性，教育不是要限制其个性的发展，而是要创造出更广阔的空间让其个性继续拓展。应该给孩子一个宽松的环境，鼓励他拓展想象空间。丰富的想象力对孩子的智力发展是举足轻重的。

当今社会的父母，对于孩子的教育，可谓呕心沥血。每一位父母都以为现在的孩子好幸福，他们都认为向孩子所施予的是真正的爱。但事实如何？是不是家长每一次给予的爱，孩子都接受呢？答案并不是这样的。

1. 孩子有哪些个性

国外心理学家经过反复测查和验证，发现孩子有 5 个主要个性因素：

（1）情绪稳定

包括情绪稳定、自信、适应性三方面。有的孩子情绪很少大起大落，很少发脾气，对别人宽容，有的孩子则喜怒无常。有的孩子对自己充满信心，遇事总往好的方面想。有的孩子则经常怀疑自己，怀疑别人。有的孩子胆子大，见了生人不拘束，到陌生环境也不害怕；而有的孩子却胆子非常小。

（2）性格外向

有的孩子交往能力、领导能力和果断性、活动性都较强；有的孩子健谈、热情，喜欢交朋友；而有的孩子冷漠、沉默寡言，喜欢独处；有些孩子办事有主见、果断，而有些孩子缺乏主见，人云亦云，谨慎、被动，总是被别人支配；有的孩子活跃、好动、精力旺盛；有的孩子不爱动、消极、显得很"文静"。

（3）认真负责

有的孩子从小就显示出做事一丝不苟，抄题、计算、背书、记单词很少出错；有的孩子则明显粗心，经常出错。有的孩子责任心非常强，而有些孩子责任心非常差，不把别人的嘱托放在眼里；有的孩子自我控制能力很强，有的孩子做事浅尝辄止，意志薄弱。

（4）求新求异

包括求新、兴趣和聪明。有些人从小好奇心就特别强，什么事都想知道"为什么"，有些孩子却缺乏好奇心，从来不问"为什么"。有些孩子兴趣十分广泛，有的孩子则兴趣狭窄、单一，甚至对什么都不感兴趣。

（5）性情随和

有的孩子热心、善良和诚实；很爱帮助别人；有的孩子则很冷漠；有的孩子值得信赖，而有的孩子则经常说谎，别人很难信任他。

2. 孩子失去个性的原因

孩子是有思想、有感情的人，有的父母从不或很少尊重孩子的个人愿望，久而久之，孩子独立个性的培养被彻底抛到脑后，压抑了其个性品质的发展。殊不知，正是家长这种看似爱，实则相反的教育方式导致了孩子胆小、羞怯；正是成人的这种唯我独尊的教养方式，扼杀了孩子一个个创造的火花，导致孩子只知服从和听任摆布，丧失了独立的意志、独立的人格。结果，不仅没有促进孩子的健康成长，反而将无数的苦楚和哀怨积压在他幼小的心灵深处，从而使孩子的内心世界得不到良好发展。

（1）缺少平等交流

有的家长总认为孩子不够乖，可是否平心静气地与孩子交流过，是否细心倾听过孩子的想法？在为孩子做决策的时候，是否体会过孩子的心情，征求过孩子的意见？为了跟风是否强迫过孩子做他们不喜欢甚至是没有兴趣的事，是否利用权威打击过孩子聪明而富有天性的心灵，以致让他们最初的个性逐渐丧失？

建立在平等和理解基础上的沟通是最有效的。给孩子创造一个塑造健康性格的良好环境，便是为孩子开辟了一条走向成功、幸福的大道，这远胜于留下万贯家财。

而居高临下、主观臆断是沟通的大敌。有的家长听不得孩子的不同意见，不能容忍孩子持有和自己相反的观点，这是人性中自以为是、自高自大的顽疾表现。一旦孩子表示出自己的不同意见，或与家长的观点相左，家长就断定孩子这是故意与自己作对，马上表现出不耐烦，甚至恼羞成怒，矛盾和对立由此而生。而孩子其实绝不是有意与家长过不去，实际上所有的孩子都希望和父母建立一种和谐融洽的关系，都不是有意与家长作对、有意把自己和父母的关系搞僵，他们只是在维护他们自己，表现他们自己而已。

家长总想维护自己的尊严，孩子的尊严谁来维护？家长有依照自己意愿行事的权利，孩子的这种权利谁来维护？说得不客气点儿，这叫恃强凌弱，以大压小，其结果是使矛盾激化，造成更严重的对立情绪。

有的家长甚至以为孩子应该害怕自己，这样孩子就能在自己的掌控之中，可以踏踏实实地凭这一点去教育孩子。但是，这种被强力压制而屈服的孩子，要么形成自卑、怯弱的性格，对一生的发展造成不可估量的损失；要么忍耐到一定限度，会奋力反击，造成难以收拾的局面。

（2）剥夺孩子玩耍时间

玩是孩子的权利，更是孩子学习、实践和培养创造性所必需的过程。如果孩子缺少玩，那么这个孩子只能是个"好"孩子，不可能成为优秀的孩子。而有个性的孩子却是优秀而并非"好"孩子。

玩的重要性如此之大，可望子成龙的家长们，却非要花掉所有的财力与精力把自己的孩子打造成只可观赏的"孔雀"。所有的业余时间，孩子和家长都在各个课外班之间疲于奔命。孩子就在这样劳累、枯燥的生活中丧失了快乐和个性，逐渐淹没在人群之中，原有的个性、灵气逐渐消失殆尽。

（3）伤害孩子的心灵

每一位家长都深深爱着自己的孩子，这是不可否认的，但在实际生活中却发现，大部分家长是伤害自己孩子最深最重的人。这种伤害是无形的、不自觉的，却是毁灭性的。并且，伤害孩子的同时，许多家长还打着爱孩子、一切为了孩子好的借口。

基于对孩子的内心不了解，当孩子遇到问题的时候，就不会冷静帮助孩子分析问题，而是用简单的打骂或者根据自己的理解去抨击孩子。有的家长用别人家孩子的优点讽刺自己的孩子，骂自己的孩子笨，经常盯着孩子的缺点，这种方式的评价、批评、打击，将严重伤害孩子的自信心、自尊心、上进心。

（4）盲目跟风学"特长"

目前，钢琴、绘画、舞蹈、书法等特长班越办越多，有的家长盲目跟风，逼着孩子加入"特长"一族大军，而不管孩子是否喜欢。当孩子不愿意时，便振振有词地告诫他："我们已经坚持了那么久，不是吗？我们不能前功尽弃。""已经花了那么多钱，当然要学出个样子来！""这是考验你的毅力的时候。"……一切告诫在孩子的好恶面前显得那么苍白。

家长必须清楚地知道自己的孩子，他是否喜欢那个"特长"。学习他不喜爱的东西，只会让他感觉越来越没有自信，越来越不知道自己能干什么。

3. 家长怎样对待有个性的孩子

随着年龄的增长，孩子对自己的了解越来越多——他喜欢什么、不喜欢什么，他能做什么、不能做什么。如果他能形成他所独有的认同感，他自己的本性得到发现并得到承认，他就会产生自信心。

对父母而言，关键问题是要发现并顺应每个孩子的独特个性。每个孩子的生活都以某种线索或符号显示出他应该发展的方向。有头脑的父母会抓住孩子身上的这些线索或符号，反复加以思考。这些线索和符号为我们提示了孩子的未来发展道路。沿着这样的道路走下去，孩子才是特别的孩子！才是他应该有的样子。

球王贝利 8 岁上学读书，可他不喜欢读书，学习成绩非常糟，而成绩越糟他越不想学，倒是顽皮成性：上课随便讲话，用湿纸团打人，捏痛女同学的手，在教室里打架……气得老师对他施行各种最严厉的处罚。可野性的贝利，就是不思悔改，而且愈演愈烈。

教室容不下野性的贝利，他的天地在教室外边。他和那群小伙伴成立了一个足球组织，叫"九·七"俱乐部，天天忙于踢球。

贝利的父亲不仅是个足球健将，而且对待子女沉稳和蔼，教子有方。他认为，孩子野性强固然不好，但是，如果引导得好，野性也可能成为创造奇迹的基础。

但是，喜欢足球的贝利却没有自己的球。虽然在巴西足球运动很普及，可没有人愿意把球白白送给野性十足的贝利，而家里又买不起，怎么办呢？这时，父亲想了一个好办法。他找来了一堆破布，脱下自己的袜子，把破布一块一块地塞进袜子里，最后把袜子口缝上，这样就做成了一个布球。小贝利终于有属于自己的"球"了。尽管是个布球，他还是十分高兴。由于没有了袜子穿，父亲受到他人的嘲笑，但父亲并不在意，他想：一个男子汉不穿袜子照样可以走路，可孩子总得有样东西当球踢啊。

后来，贝利和他的"九·七"俱乐部的成员从里约热内卢和圣保罗的第一流俱乐部搞了几套足球卡片，卖出后换钱买球。他们又到市中心去拾香烟头，取出烟丝，再卷成香烟，一根一根地卖；还收集些废铜烂铁、空瓶烂罐，卖给废品站。

不久，"九·七"俱乐部更名为"九·七"足球队，但队员们却买不起球鞋，他们因此给自己的球队起了个绰号，叫"赤脚大队"。他们虽然没有固定的组织，但贝利的球踢得好，自然成了不成文的队长。

"九·七"足球队成立后，四处征战，所向披靡，称雄一方。

父亲看见贝利踢球很有前途，便全力支持贝利，还抽空教贝利怎样带球和盘球，怎样射门……他还当守门员，让贝利踢球。贝利难得射进一球，父亲摇摇头说："你只会右脚射门，总是要把球调整到右脚射门的位置，不仅失去了进攻的时间，而且对手也会趁机从你脚下把球抢走，同时守门员也有了充裕的时间站好位置，拦截你射来的球。你看我的。"父亲边解说边示范，两脚自如地控制着球。

父亲一次一次地示范传授，贝利一次一次地认真练习。他一丝不苟，不会就反复练习，常常累得满头大汗，气喘吁吁。

有一次，市政府决定举办少年足球锦标赛，贝利带领队员们苦苦地练球。盘球、截球、挖球、顶头球、踢罚球、踢任意球……练完右脚练左脚，一直踢到夜色漆黑，无法再踢为止。锦标赛那天，他们攻势凌厉，勇猛异常，如猛虎下山、蛟龙出水，声势震动了球场，压倒了对方，一举夺魁。

赛后，父亲紧紧抱着他的儿子，激动万分地说："孩子，你踢得真漂亮，我自己上场，也不会比你踢得好！"

这一年，贝利还不满 13 岁。

14 岁时，贝利加入著名的桑托斯海湾俱乐部足球队，从此开始了职业球员的生涯。之后，他更加刻苦地训练，在绿茵场上所向披靡，成为 20 世纪最佳足球运动员之一。

野性十足固然有其任性和泼悍的一面，但如果把这一性格特点发挥到足球中去，则可以焕发出无穷的魅力。父亲正是看准了这一点，才着意培养贝利的。这就给了我们一个重要的启示：如果发挥孩子的个性特点，积极主动地引导孩子向对自己有利的方面发展，或许能起到事半功倍的作用。

因为，真爱孩子，应该将"尊重"和"顺应"放在首位，孩子是一个独立的人，他属于社会，也属于自己。孩子虽小，但同样有信任、独立、自尊、上进等方面的需要。如果家长没有顾及和满足孩子的这些需要，错待了孩子，会影响孩子的发展。尊重孩子就要平等对待孩子，对孩子说话，不要大嗓门，音量要适中，尽可能用商量的口气，不要经常说"不许这样"、"不许那样"，多让孩子自己来尝试。尝试是孩子独立的开始，要多做示范、多加鼓励，帮助他成功。

三、时常表达对孩子爱心的赏识

恩格斯从小就富有同情心，特别关心那些穷困的同龄人。

有一段时间，小恩格斯在每天该吃早点上学的时候，忽然对早点"厌烦"起来。他坐在餐桌前，面对早点没有一点想吃的意思，而是看了看，把它包起来，然后趁人不备，塞进自己的书包，起身朝学校跑去。

等到放学后，小恩格斯一进家门就喊："妈妈，我饿。有吃的吗？"母亲马上将午饭端出来给儿子吃。谁知，儿子吃了自己的一份，还想吃另一份。母亲问："你早上不是吃过早点了吗？""是啊，妈妈。"小恩格斯回答。"那你为什么还饿呢？""我也不知道。"小恩格斯漫不经心地说。

开始，母亲并没有在意。可以后的几天里，小恩格斯每天中午都喊饿，还要吃两份饭，这引起了母亲的担心。她想：孩子突然贪吃起来，是不是患了什么寄生虫病？便把儿子带到了医院，可医生一检查，身体正常。母亲还是不放心，强迫孩子停学几天，在家里休息。

"妈妈，我会耽误课程的。"小恩格斯不愿意。

"你放心吧，我请人给你补课就是了。"

小恩格斯拗不过母亲，便提出了一个条件："妈妈，让我的同学克林斯曼来给我补课好吗？他的成绩棒极了。"

"好吧，就让克林斯曼来补课。"

到了放学时间，克林斯曼准时来家里为小恩格斯补课。但每次补完了课，小恩格斯都向克林斯曼挤挤眼睛，悄悄从桌子底下塞去一包东西，让他带走。可是，最后一次，这一举动被母亲发现了。母亲拿起了纸包，打开一看，是面包和点心。母亲用不解的目光紧盯着儿子，小恩格斯不好意思地说："妈妈，对不起。这是我送给约尼尔吃的。"

"约尼尔是谁？为什么要送这个？"母亲严厉地问。

"约尼尔是我的同学。最近，她的爸爸失业了，全家没有了收入，吃不上饭。几天前，约尼尔上课时突然晕倒了，是饿晕的。"小恩格斯眼里溢出了眼泪。

"哦，是这样，"母亲的脸色变得温和起来，"约尼尔太不幸了。孩子，你有同情心，懂得帮助别人，这很好。可是，你为什么要瞒着妈妈呢？你为了同学，自己却饿着肚子，这也是不应该的呀。"

"妈妈，我害怕你知道了会责怪我。"小恩格斯说。

"怎么会呢？你做得对，妈妈不会责怪你的。"

第二天，母亲便让小恩格斯去上学，还为他多准备了一份早点。让他带到学校去。小恩格斯高兴地扑在母亲怀里。

对于一个人的个性发展而言，没有什么能比爱和善良更重要的了，这是孩子将来亲和社会的基础和前提。孩子在成长的过程中，经常会表现出比大人更强烈的爱心。这时候，父母应该给孩子充分的肯定和赏识，而不是因为孩子没有和父母商量或者违背了父母的意愿而否定孩子的爱心，更不能因为个人的私利而打击孩子的爱心。否则，会给孩子造成一种错觉，认为有爱心是错误的，从而自我否定这种爱心行为，变得冷漠和自私，这对孩子的心理健康极为不利。

仔细观察，不难发现生活中不少家长对孩子的爱心教育并不尽如人意。时下"独生子女"家庭多起来了。生活水平不断提高。孩子们不愁吃、不愁穿，但缺少的恰恰就是一颗爱心。一些孩子生性自私、狭隘、偏激甚至冷酷、残忍。有的因一些日常琐事便顿生不满，口出秽语，乃至拳脚相向。平时，家长对孩子关心的就是如何吃好、睡好、学习好，对心存爱意、关心他人、爱护集体的思想品德教育却不够重视。有的家长认为，现在就一个孩子，只要我有能力，孩子要什么，我就给他什么，图的就是让孩子快乐幸福；也有的家长认为，对孩子来说，最重要的是多学点知识技能，在聪明才智上超过别人，至于其他方面，用不着怎么教；还有一些家长认为，孩子小时候任性一点很正常，大起来自然会好的；更有甚者，还把孩子任性、自私、霸道的表现视为孩子的聪明、好玩，而加以纵容。一位上初中的女儿和母亲一起乘坐公交车，女儿要给一位老太太让座，妈妈示意女儿不要让。女儿站起来坚持要让座，妈妈非但不支持，反而当众打了女儿一耳光。这样的父母不仅伤害了爱心，还践踏了社会的和谐气氛。

"人之初，性本善"。父母要在日常生活中注意观察孩子的表现，一旦发现孩子的爱心行为，就要及时地亲吻、拥抱和赏识孩子，受到赏识的孩子下次会更容易做出类似行为。如果父母对孩子的"闪光点"视而不见，孩子做出同样行为的频率就会低得多。

一天，五岁的尼娜见妈妈在家里忙碌，便问："妈妈，你在做什么？"妈妈答道："我正为隔壁的史蒂芬太太烧一盘菜。""为什么？妈妈。"妈妈告诉尼娜："因为史蒂芬太太失去了女儿，难过得心都碎了。我们应该照顾她。"妈妈又对女儿说："尼娜，你是个很聪明的孩子，也许你也会想出一些方法来安慰史蒂芬太太。"

尼娜开始认真思考如何帮助照顾史蒂芬太太。几分钟后，尼娜敲开了史蒂芬太太的门。"有什么事？"史蒂芬太太问。尼娜说："我妈妈说，你失去了女儿，非常难过，心都碎了。"说着，尼娜伸出她的小手，手里有一个创可贴，"这是让你把碎掉的心粘起来的。"史蒂芬太太接过来，破涕为笑。她弯腰拥抱尼娜，泪眼盈盈地说："谢谢，亲爱的孩子，你帮了我很大的忙。"史蒂芬太太接受了尼娜的善意，她买了一个画框，把尼娜的创可贴带放在画框中，每次看到它都感到宽慰。

这是一个很感人的故事。我们为小尼娜淳朴而善良的童心而动容，更为尼娜母亲不失时机地赏识和指导孩子的用心而钦佩。

爱心和善良是一对孪生姐妹。有爱心的孩子，本性是善良的；善良的孩子，他的一言一行都表现在爱心上。但这两者是有区别的，善良是一种品质，而爱心是一种行为。我们欣赏孩子的爱心，更要欣赏孩子的善良。善良作为一种美德，对孩子的成长发展具有不可忽视的积极影响。可以说，缺乏善良品质的人，同时也是道德上有缺陷的人，最终很难有所作为。

家长要时常表达对孩子善举的赞赏。如果孩子做的事得到了肯定和表扬，那么他还会继续这么做。因此，当孩子帮了别人一些小忙，或者替别人着想时，要称赞他的这一举动，鼓励他为别人多做一些令人愉快的事情。让他知道家长也很希望他这样做，希望从他的举动中看到善意，表现得友好些。如果孩子对他人不友好，也不必责怪他。要让他认识到这样不好，不是好孩子应该做出的举动，并表示你对他这种举动的遗憾，相信他下次会做得好一些。

我们欣赏孩子的爱心，也要培养孩子的同情心。同情心是分担和感受别人忧伤的一种能力，是对是非观点提供支持的一种非常关键的情感，孩子有了同情心就能增强对别人想法的理解，孩子才有可能更深入地感受到别人的痛苦、困难，这种感受可以让孩子更宽容、更能理解别人的需要，并在别人有困难的时候主动想到帮助别人。而缺少同情心的孩子往往会变得冷漠、孤僻、不合群以及挑剔，他们也就难以站在别人的角度分担别人的痛苦或需要。

一个健康的孩子就好比一棵树，必须以爱心为根，正直为干，丰富的情感为蓬勃的枝权，这样才能结出爱心的果实。爱心的情感及修养是人道精神的核心，它必须在童年时细心培养，否则难有效果。因此，父母对周围的人应表现出真挚的感情，并帮助身边正遭受痛苦和不幸的人。如果父母都能以自己的爱心感染和陶冶孩子，在孩子的心中撒播爱的种子，那么孩子就能成长为一个健康、善良和有正义感的孩子。

理解、支持并赏识孩子的爱心，让孩子在父母的赏识声中树立正确的价值观，从而真诚地对待每一个人。同时，这也将换回每一个人对孩子本人的真诚相待。

赏识孩子的爱心行为时要注意，即使孩子为此违背了父母的规定，受到别人的嘲讽，你也应该说："孩子你做得对，我们为你骄傲！"

当孩子为了爱心而失去了名誉和利益时，也不要埋怨他，而应去赏识他的爱举。要告诉孩子："这件事比名誉更为重要，你所获得的远远大于你所失去的！"

四、帮助孩子找回学习的热心与信心

中国传统观念认为："学海无涯苦作舟"，还有句古话叫作"十年寒窗苦读书"。难道读书真的只是一件必须"头悬梁、锥刺股"的苦差事吗？而且现在的孩子普遍有厌学情绪，觉得学习是一种无尽的苦难，这样的结果是非常可怕的。因此，我们在教育孩子时，必须要让孩子觉得求知是世间最大的快乐；学校是知识汇聚的地方，要让孩子像追蝴蝶一般快乐痴迷地学习。而要达到这样的目的，实行赏识教育是必不可少的。

孩子正处于生理、心理变化的关键时期，也是人生最大变化、最不稳定的时期，此时尚未形成独立的自我意识，非常在乎他人的看法。从生命科学的角度看，每一个孩子都拥有巨大的潜能，但孩子诞生时却很弱小，在生命成长过程中，难免有自卑情结。因此，由外到内的正向激励能满足孩子内心的积极因素，形成肯定自我的意识。在孩子学习的过程中，这种多次的肯定，就会积累孩子的成功感，就会种下自信的种子，这对孩子的成长至关重要。

表扬和鼓励比批评和指责能更有效地激发孩子积极的学习动机，因为前者能使孩子产生成就感，对事物有更高的学习热情和积极性，后者却只会挫败孩子的自尊心和自信心。孩子受到的表扬越多，对自己的期望就越高，学习就越努力，相反，受到的表扬越少，孩子随之产生的自我期望和努力就越低。

孩子是需要不断鼓励的，尤其是学习成绩差且成功体验少的孩子，他们应该得到与成绩较好的孩子相同的待遇，甚至应该得到比成绩较好的孩子更高的待遇。因为对这些孩子来说，这不仅仅是表扬，更是一种公正和对他们人格的尊重。青少年的心理发展还不完善，他们较为看重来自外界的承认或认同，当学习和行为上取得小小的进步时，他们需要得到老师、家长或同学的关注、认可和欣赏。积极的鼓励（包括正确的评价、适当的表扬）是对孩子学习成绩和态度的一种肯定的强化方式，它可以激发孩子的上进心、自尊心。在孩子的日常学习和生活中，家长应当积极地关注、仔细地观察自己的孩子，对他们的每一个进步进行及时的鼓励和强化。

1.　通过赏识教育激发孩子的学习兴趣

心理学家研究表明，希望自己的学习成就得到表现和承认不仅限于成年人，幼年的孩子天性里也具有一种强烈的成就满足感与表现需求。有效利用这种成就感和满足需求，对于激发和保持孩子的学习兴趣是非常有效的。

家长不妨经常组织一些家庭成员与孩子进行特长项目比赛，有意识地在此类才艺比赛过程中凸现孩子才艺特长的优势、满足孩子学习带来的成就感。长此以往，孩子的学习兴趣就会得到有效激活。例如，对于想象力好的孩子，家长可以经常举办一些家庭故事比赛，在并不轻松的状态下让孩子获得比赛的胜利，鼓励孩子通过不断努力提升与不同家庭成员比赛的水平，让孩子逐步体会到编故事的成就感，从而有效激发并保持孩子的学习兴趣与积极性。

很多家长并不真正懂得如何培养孩子的学习兴趣，"溺爱"和"棒打"都容易对孩子的心理造成伤害。例如，大部分孩子小时候都有拆坏玩具的经历，有的家长会很严厉地批评孩子一顿，有的家长会担心弄坏的玩具碰伤孩子而将孩子拉到一边，这样做实际上都是错误的。家长应当询问孩子为什么要拆坏玩具，并鼓励孩子再重新组装。因为"拆"说明了孩子对这件东西有兴趣。家长要在孩子所犯的错误中培养其兴趣点，而不是打压他。否则孩子就会认为这是一个错误，而不再去好奇和探索。

当孩子出现对学习兴趣下降的苗头时，家长的当务之急是让孩子找回热情与信心。此时，家长可以通过正面事例的激励来鼓励孩子保持长久的学习兴趣与热情。家长可以通过丰富的民间故事和伟大人物的传奇经历来正面激励孩子。比如，对数学不太感兴趣的孩子可以通过讲述一些知名数学家（如陈景润）的故事来激励孩子。

2. 通过赏识调动孩子的学习积极性

调动和保护孩子的学习积极性，家长须以表扬和鼓励为主。慢慢引导孩子提高对学习的兴趣。例如，孩子放学后，要以亲切的态度对待孩子，让孩子尽情回忆学校里的生活，同孩子分享学习生活的乐趣，使孩子形成"学习是愉快而有趣的"这样一种认识。家长还要抽出时间同孩子一起复习或完成作业，帮助孩子搞清哪些知识已经掌握，哪些还未弄懂，对已经懂的，家长要表扬、鼓励他们取得的成绩；对不懂的，要耐心辅导。不要训斥孩子，那样会使孩子感到委屈和伤心，从而挫伤了孩子的学习积极性。不要同别的孩子比较而责备自己的孩子，要具体指出孩子的优点，提出一些建议，使孩子的个性得到承认，以增强孩子的学习信心和学习的主动性。

3. 后进生也要"赏识"

后进生大都是行为表现和学习成绩均不理想的孩子。他们在行为上表现为不遵守纪律，自由散漫；在学习上往往是基础差，对学习失去兴趣和信心。在教育这些后进生时，更需要爱心、耐心和信心。

当孩子学习出现问题时，父母首先要反省一下自己的教育方法是否存在失误，而不要一味地埋怨孩子，给孩子贴标签。当家长少了怨气，对孩子多了同情和理解，教育才会多一些耐心和细致，才能正确引领孩子努力学习。

（1）承认个体差异

父母对孩子应该有个正确、清楚的认识。很多家长爱对孩子说："为什么别人会了，就你不会？"事实上，每个人都有自己独特的习惯、爱好、生活方式，孩子与孩子是有差异性的，怎么可能通过一本教材、一个模式，就能造就出同一水平的人才来呢？孩子对于一样的问题、一样的方法产生不同反应和不同结果，这才是正常的。况且智力有不同种类，包括认知能力、推理能力、记忆能力等多方面，为什么要用一个单一的标准去衡量所有的孩子呢？

孩子学习好坏，既有智力因素，同时也受大量非智力因素的影响，并不是学习成绩不好就一定是智力低下。老师的教学方式、教学水平对孩子的学习成绩高低也有直接影响。应该加强对孩子非智力因素的培养，让孩子养成积极的兴趣、健康的情感、坚强的意志、良好的性格，这些非智力因素都有助于孩子提高学习成绩。

（2）寻找孩子的闪光点

父母要放下面子和攀比心态，真心去欣赏自己的孩子。不存在没有闪光点的孩子，当你发现不了孩子在学习上的闪光点时，那只能说明你对孩子的期望过高，遮住了发现孩子优点的目光。因此，必须放下不切实际的期望值，从孩子现阶段的程度上去挖掘孩子的优点。

（3）体谅和包容孩子的失误

在孩子的学习上，家长切不可急于求成。那些一眼就知道结果的作业题，也许孩子长时间都弄不明白。所以，家长要学会理解、包容孩子在学习中出现的过错。以下三点需要家长掌握：

一是包容的目的要十分明确。原谅孩子的过错不是为了袒护孩子的缺点，而是为了保护孩子的学习兴趣。孩子只有认为他能够做到的时候，他才会有信心去做？孩子只有认为可以做好的时候，他才会有决心努力去做。

二是鼓励必须是真实、艺术和直观的。如果你的鼓励是孩子意料之中的或是离谱的，那么不仅会降低鼓励效果，还一定会使孩子认为你是在撒谎欺骗他。鼓励既要有孩子学习环境中的横向比较，也要有孩子成长进步中的纵向对照，鼓励的实质是通过家长引导使孩子认清他自己暂时无法认清的内在事物和内在潜力。

三是包容和鼓励并不都是好言好语，更不是对孩子的溺爱和对其失误的漠不关心，而是理解和支持，是要求家长热心帮助孩子找准失误的原因，找到克服问题的方法和途径，是家长的胸怀和爱对孩子成长的推动。错就是错，错误本身不会变成成绩而让家长和孩子去肯定和骄傲，能够使失误发生转化的是孩子下一步应该做什么，怎么去做。

五、对待孩子的诚实给予热情的赞赏和鼓励

小列宁是个好孩子，但是也曾有过撒谎的时候。有一次，他和母亲玛丽亚一

起去姑妈家做客，他高兴极了，因为姑妈家有几个表兄弟，小列宁非常喜欢和他们做游戏。一进门，他们就大嚷大叫地玩开了，在房间里窜来窜去，开心极了。忽然，小列宁一不小心，撞到桌子上，桌上那个精致的玻璃花瓶落在地上摔碎了。母亲和姑妈听到声音急忙赶来，问是谁打碎的。孩子们齐声说："不是我！"小列宁迟疑了一下，也跟着喊："不是我！"母亲一眼就看明白了事情的真相，但是她并没有当面揭穿小列宁，也没有表现出生气的样子，一句话也没有说。她想等待儿子自己主动说出真相，认识自己的错误。母亲沉默的暗示使小列宁受尽了"折磨"，他好多次想跑到母亲面前，跟她说出事实，求她原谅自己，但是又没有足够的勇气。玛丽亚依然沉默着，并不时暗示儿子，撒谎的人是连父母都不会信任他的。就这样，她一直保持了三个月的沉默，等待着从儿子的良心中萌发出对自己行为的羞愧感。

终于有一天，在孩子临睡前，她走到孩子跟前，抚摸着他的头，不料孩子突然失声大哭起来，痛苦地告诉母亲："妈妈，我骗了姑妈。我说不是我打碎了花瓶，其实是我打的。妈妈，您会原谅我吗？您还会爱我吗？"玛丽亚温和地说："孩子，妈妈就等着这一天呢，只要你知道自己错了，敢去面对它，以后不再犯，妈妈怎么会不原谅你呢？妈妈和以前一样地爱你！""可是，姑妈会原谅我吗？"小列宁不安地问。母亲说："儿子，你给姑妈写封信，承认错误，姑妈一定会原谅你的。"看着这聪慧、天真、淘气孩子的成长，玛丽亚快活地笑了。尤其使她高兴的是，在儿子内心深处进行的这场道德斗争中；美的、诚实的品质取得了胜利。

诚实是一种可贵的品质。对于诚实的孩子，家长应鼓励和褒奖，决不可让诚实的孩子受到委屈。如果父母从小就注意对孩子进行诚信教育，赏识诚孩子的诚信行为，孩子是可以养成诚信习惯的。

确实，与某些城府颇深的人相比，孩子的诚实往往令人敬畏，因为孩子很少有大人们的复杂和狡诈，他们不懂得"作秀"，而敢于诚实待人。他们的心里没有私利，只有实事求是，把自己看到的、想到的原原本本地说出来，这是多么可贵的品质，而恰恰有些父母却把孩子的这种品质扼杀了。

在现实生活中，有一些父母把孩子的诚实忽略了，甚至因为某些个人私利而责怪孩子的诚实，教孩子撒谎。这样会让孩子无所适从，对做人的原则产生疑惑，最终养成撒谎的坏习惯，甚至造成心灵扭曲。

一些父母也希望自己的孩子诚实，希望自己的孩子不要欺骗自己，不要对父母有丝毫隐瞒，但是他们往往在孩子面前撒谎，甚至"教唆"孩子去欺骗别人、隐瞒真相。如此一来，孩子最终学会了撒谎。因此，每个父母都应该明白，培养孩子诚实的品质，远比占一点小便宜重要得多。对于孩子的诚实，父母应该给予赏识和赞扬，用赏识留住孩子的纯洁和诚实，培养孩子诚实正直的优秀品质。

七岁的玛格丽特特别喜爱小动物，当时邻居家有一条斑点狗，特别活泼，特别可爱，小玛格丽特经常到花园里逗狗玩。有一次，她弄到了一块咸肉，便立刻招呼心爱的斑点狗把咸肉吃了个精光。可是一天以后斑点狗患上消化不良的病死掉了。小玛格丽特哭得非常伤心，母亲知道这件事以后仅仅说了一句："斑点狗死了，你知道一个诚实的孩子应该做些什么吗？"小玛格丽特立刻抹干眼泪，上邻居家去道歉。

这件事本来已经结束了，可父亲回来以后，觉得女儿除了诚实的表白之外，还应该为自己的诚实担负责任，又对女儿说："你是一个诚实的女孩，这非常好。可是除了诚实的言语之外，你还应该为你的过失负起责任。"小玛格丽特低着脑袋想了想，立刻倒空了自己的储蓄罐，可斑点狗实在太贵，最便宜的也要卖60英镑，小女孩根本拿不出这么多钱来。父母尽管非常宠爱女儿，却不替女儿包办一切，而是想办法创造条件，让女儿自己解决自己的问题。当时小女孩的姑妈比较富有，养了四条狗。妈妈就跑到姑妈家里同姑妈商量，让女儿替姑妈遛狗，每月十五英镑，最终还清了这笔"狗债"。

为培养孩子诚实做人，家长要为孩子作出好榜样。孩子的模仿能力很强，很容易受到某种行为的暗示。如果父母言行不一致，不履行承诺，孩子就会受到暗示，跟着模仿。例如，父母如果答应了孩子假日带他到商场去买玩具，就一定要去。如果到时候忙，脱不开身，也一定要向孩子说明情况，并争取以后补上。而且，这样推迟或失约的事情，今后一定要注意避免发生，这样才能取信于孩子。

许多父母为了诱导孩子做某件事，总是轻易地许诺孩子某些条件，但是事后却没有兑现。孩子的希望落空后，就会发现父母在欺骗自己，他就会从父母身上得到一些经验，那就是不守信的许诺是允许的，大人的言行也经常不一致，说谎也是允许的，等等。例如，孩子哭闹时，父母常用许诺来哄孩子："别哭了，回头妈妈给你买支冲锋枪。"尽管这样说了，家长并没想过兑现。但孩子却信以为真，满怀希望地等待着。如果每次许诺都不过是一张空头支票，孩子的一次次希望都成了泡影，久而久之，孩子不仅逐渐失去了对家长的信任，慢慢地也就学会了说谎。因此，家长和孩子形成真诚和互相信任的关系，是培养孩子诚实品质的一个重要条件。

当孩子犯了错误，要鼓励他们说实话、不撒谎，因为撒谎比错误本身更为严重。可以告诉孩子，即使他这一次犯错，但是妈妈很高兴他能有勇气承认，而且相信他下一次不会再犯同样的错误；也可以将自己小时候类似的经历与他分享，让孩子知道这不是最糟糕的情况。此外，孩子在犯错误时能主动诚实地承认错误，要给予赏识和鼓励。你可以说："你的诚实让我很高兴，相信你会改正错误的！"

当孩子有诚实的表现时，不要出于其他考虑而责怪孩子的诚实。而应该说："真是个诚实的好孩子！"若孩子在诚实之后带来的是怒骂、指责，说谎行为将屡次出现。相反，说出真情后，常可获得解决办法，或获得父母谅解一起跟着想办法，诚实才会成为生活的一部分。因此，父母应该练习对情绪的控制，当预期有负面情绪时，可暂时离开现场或十分钟后再谈。

做一个诚实的孩子需要勇气，因为诚实的孩子也许会吃亏，也许会受骗，但绝不能让孩子因此远离诚实，这就如同走路有可能摔得鼻青脸肿，却不能因此而终生躺在床上一样。因此，对孩子的诚实，父母必须给予热情的赏识和鼓励，赏识他们战胜了自己，鼓励他们继续坚持诚实。

六、不要让孩子觉得自己是弱小的

自强的孩子具有独立个性，具有非凡的创造力和不怕困难的勇气。这是一种可贵的品质，是家长要着力培养的。对于孩子的自强行为，家长要积极鼓励、热情引导，这样的孩子长大后：一定可以独当一面。成为了不起的人才。

"将相本无种，男儿当自强"。不要让孩子觉得自己是弱小的，而应该通过积极的鼓励和赏识，让孩子感受到自己的力量，培养孩子的自强。

遗憾的是，随着生活水平的提高，一些父母对子女娇生惯养，百依百顺，怕孩子受累受苦，没有培养孩子的吃苦精神和坚强的意志。这些处在"温室"里的"幼苗"不知天高地厚，不了解人情世事，没有学会自主自强，最终只会大手大脚地花着父母亲的血汗钱，毫不吝惜。他们一旦脱离"温室"，经不起人生风雨的考验，克服不了前进中的困难与挫折，更谈不上振兴家业、为国家为社会做点贡献了。

这天晚上，爸爸发现成成的胳膊上有一块瘀血，仔细一问，才知道是他的同学要成成替他打扫卫生，成成不想替他打扫，就被同学扭了两把……看到这种情况，爸爸第二天一大早就赶到了学校。

他在学校了解到的情况有些令人担忧：成成在班里无论是学习、值日还是文体活动都比同学们慢半拍，还经常闹一些笑话。同学们拿他开玩笑，他也总是把头一缩，不懂得表达自己的不满。这样一来，同学就忽略了他的感受，对他变得无所顾忌了，甚至还有个别同学拿他出气。

成成的父母认识到自己的儿子之所以被欺负，与家庭教育方法有着直接的关系。成成是家里的三代单传，父母和家人对他十分关爱，几乎把他生活中的一切全包了下来，没想到大人们"全包式"的抚养，影响了成成自尊自强性格的建立。

我们不少家长"心太软"，对孩子的一切均要大包大揽，进行"一条龙"、"全方位"、"系列化"服务，饭来张口，衣来伸手，白天接送，晚上陪读，直至填写志愿，"设计"前程。孩子们成了"抱大的一代"，如同温室中的花朵，患了"软骨症"，见不了世面，经不了风雨，结果独生子女难独立，着实令人担忧。

可怜天下父母心。中国父母为子女代劳的现象有目共睹。陪读的父母，每天辛苦接送子女的父母，代子女做卫生、帮子女做作业的父母，乃至祖父母、外祖父母，他们整天为"小太阳"忙得不亦乐乎。儿女们复习功课，做家庭作业，课外实践，参加学科竞赛等，哪一项不是在家长的陪同下完成的？家长对儿女的教育可以说是"一千个用心，一万个在意"。却很少有人注意教育孩子具有独立、自强的能力。在巨大的家庭温室里，孩子们弱不禁风，依赖性越来越大。

孩子胆怯柔弱、缺乏信心并不是不可克服的，只要父母多给孩子一些赏识、鼓励、引导、锻炼，耐心细致地帮助孩子，相信孩子一定能成长为自尊、自强、自信的人。事实证明，父母对孩子过度保护，什么事情、困难都替孩子解决，很容易使孩子失去锻炼生活能力的机会。

自强是任何一个人成才都必须具备的条件与素质。生活在社会中的人们，不仅要学会生存，更重要的是要学会竞争，在竞争中立于不败之地。做父母的应该让孩子多磨砺，多吃苦，跌倒了，摔跤了，也不要紧。学走路的孩子总是要摔几跤的，最怕的是父母因为生怕孩子跌倒，而总是抱着孩子，抱大的孩子连路都走不好，哪还谈得上自强和成才呢？

自强是事业成功的支柱，也是人生的坐标。依赖别人，心无进取，学无长进，得过且过，碌碌无为，一旦面对挫折与困难，便束手无策；而自强者，则能够正视弱点，刻苦拼搏，使人生的道路越走越顺畅。

天下父母，没有不疼爱自己孩子的，但疼爱的方式却大不一样。有的人以为，给孩子吃好、穿好、身后还有大笔财产留给他们，这就是爱。而有的人则恰恰相反，从小让孩子吃苦受累，也不留什么财产给他们，让他们自己去创立家业。显然，前者实际上是害孩子，而后者则是在给孩子一把成功的金钥匙。

自强作为人的一种素质，不是与生俱来的，而是在一次次面对困难、战胜困难、超越自我中培养出来的。社会竞争如此激烈，孩子难免要面对各种与人竞争的局面，如果没有参与的勇气而是长期采取回避的态度，孩子的自强很难建立起来。因此，应该鼓励孩子多参与一些竞赛类活动。开始时可以在家里玩一些要分出胜负但又对孩子很有吸引力的活动，如剪刀石头布、跳棋或飞行棋等。父母要引导孩子凭兴趣参与活动，并在活动中给予孩子赏识和鼓励，激发孩子进一步参与的兴趣。然后逐步鼓励孩子参与到社区、学校及社会上其他竞赛活动中，从中培养孩子面对挑战的勇气、参与意识和良好心态。

不管处于什么情况，要相信孩子并不是弱小和怯懦的。实际上，任何孩子都不是天生的弱者，他们只是身体还没有足够强大，但并不代表他们天生就需要保护，他们需要保护的是他们还不够成熟的好奇心，而不是需要保护他们的思想动态和动作习惯。孩子们因为好奇，认识不到对自己有危险的事物。所以，他们需要保护，需要监督，但是他们不需要恐吓。

孩子们的好奇心很重，他们对任何事物都非常感兴趣，他们的胆子也特别大，但这并不说明他们就一定十分强大，相反，他们很虚弱，身体的发育和心理的发育以及对社会认识的成长，促使他们一点点变得真正成熟起来。因而，在孩子很小的时候，作为监护人，家长的任务是让孩子在足够自由的空间里尽情地想象和成长，在必要的时候用温和的手段和不会伤害孩子好奇心的方法阻止他们的危险活动，这才是家长应该做的事情。

孩子有能力独立做的事情是不需要家长帮助的，需要的是家长们的鼓励，因而孩子们真正遇到挫折的时候，他们会想方设法自己寻找解决的途径，而不是一味地向家长求助，养成孩子向家长求助习惯的罪魁祸首实际上就是家长本身，孩子们如果从小就养成自己的事情自己做的习惯，他们又怎么可能成为弱者。

孩子对周围的人和事物的态度常常是不稳定的，易受情绪等因素的影响，在碰到困难和失败时，他们往往会产生消极情绪，不能以正确的态度对待失败和挫折，这时，家长要及时告诉孩子，"失败并不可怕，你只要勇敢，一定能做好"，"从失败中吸取教训，看一看下次怎样做"。家长要有意识地将孩子的失败作为教育的契机，引导孩子重新鼓起勇气大胆自信地再次尝试，同时，教育孩子敢于面对困难和挫折，提高克服困难和抗挫折的能力。

同时，家长也要端正自己的态度，正确面对孩子的失误。在日常生活中，一些父母往往喜欢将孩子的成功当作自己的门面，赢了就夸孩子聪明、能干，输了就指责和埋怨孩子笨，这种教育方式容易让孩子走向两个极端，要么失败了就爬不起来，要么就争强好胜，非赢不可。因此，家长要积极引导输不起的孩子，首先要平衡自己的心态，正确看待孩子的失败。当孩子在学习和游戏中受挫时，父母应该教育他克服沮丧和悲观情绪，帮助孩子分析失败的原因，建立积极的心态对待暂时的受挫。

当孩子遇到困难和挑战时，信任和鼓励是刺激孩子奋发进取、坚决完成任务的有效方法，而且会使孩子身心得到愉悦。一名运动员在最后的冲刺阶段，往往会在观众的叫喊加油声中，创造出优异的成绩。教育孩子也是如此，当孩子遇到困难解决不了时，成人切忌采用不管不问、讽刺嘲笑、过多的批评、大声呵斥和粗暴责问的方式，这样会使孩子精神更加紧张，不仅不能缓解孩子的沮丧情绪，反而会使孩子感到束手无策，失去解决困难的勇气和信心。

七、发现孩子随时都有创造的能力

教育家陶行知说："处处都是创造之地，天天是创造之时，人人是创造之人。"在与孩子的朝夕相处中，细心的家长不难发现，孩子随时都有创造的潜在能力。当孩子画出一幅标新立异的图画时，那是他创造力发挥的表现；当孩子把手电筒、遥控器、玩具大卸八块弄得乱七八糟时，那也是孩子好奇心创造欲望的表现；当孩子说出一句新颖的词语、唱出一首自编自创的歌曲时，那都是孩子创造力的表现。

创造是人的本质特性。作为父母，要树立这样的理念，即每一个正常的儿童，都蕴藏着创造潜能。在家庭开展创造性活动中，开发孩子的创造能力，培养创新精神，锻炼创造才干，是每个家长义不容辞的责任。

在一次由澳大利亚、新西兰、印度、中国、中国香港等 9 个国家和地区参加的"未来家庭娱乐产品概念设计大赛"中，中国内地共有 20 所学校 1300 多名选手参赛。然而，比赛结果却令人遗憾，两个组的冠军、亚军、季军，中国孩子连边都没沾上，只获得一个带有鼓励性质的纪念奖。在其他参赛者闪耀着想象大胆、构思独特的作品面前，中国内地孩子的作品显得那样苍白，缺乏独创性，这怎能不令人感到震惊！

究其原因，多是因为孩子的创造力没有被很好地开发和培养，以至于抹杀了孩子的创造性。一个有民主气氛的家庭有利于孩子发挥其创造力，一个好思考、变化多、能触类旁通的孩子，往往不愿意受过多的约束。他们自信、好奇、喜欢幻想、有探险精神。但这类孩子很容易受老师的责备、同学的排斥，认为是不听话、好出风头，是刺儿头。因此会使孩子变得郁郁寡欢，无所适从。他们的创造力就不可能继续发展，或者久闻成习，弄假成真，以歪就歪向坏的方面发展。

创造力在人类生活、学习和工作过程中起着重要作用，离开了创造力，人既不可能有什么预见，也不可能有什么发明和新的发现。要使孩子摆脱平庸无为，成为英才，就必须培养和提高孩子的创造力。

创造教育是以提高人的素质为宗旨的教育，创新是时代的主旋律。少年强则国强，为国强，而自强。强就要创新，创新是一个民族进步的灵魂。一个家庭，就像一个 T 型舞台，其主题词就是：架构 T 型目标递进，赞赏孩子创造能力。

1. 激赏孩子的创造性

激赏，就是对孩子创造力的赏识。激赏里孕育着亲情和智慧因子，蕴藏着成功的激素。学会激赏，让孩子在目标递进的旅途中成长、成才、成功。

创造是运用知识，变知识为智慧和能力的过程。四肢为体，人的耳、目、口、舌，均是大脑发号施令的器官。尤其是手，手的灵巧是与大脑思维相辅相成的。大拇指在大脑中所占的运动区，相当于一条大腿的十倍。人的五脏六腑，手上皆有感应区。所以创造活动过程中，学技能的过程，是磨炼意志锻炼毅力的过程，而意志和毅力是创造发明成功的保证。练到熟能生巧、巧能生精，缪斯之神飞来，悟性、灵感顿开，创造方才告成。

当孩子完成一件作品，要有个说法，即给个评价。还要展示一下，让孩子品尝成功的愉悦，体味创造的价值。让童年的成功，一次次积淀，从而熔铸进求索、开拓、创新的气质。大气者大器。当孩子的作品在亲人面前展出，在亲友赞扬声中闪亮登场，这时的境界可谓是"会当凌绝顶，一览众山小"的盛况。

好奇、好问、好动、好学、好强、好胜是孩子的天性，也是孩子的本能。又恰处于长身体、长知识、长才干的时期，倘能多多给以激赏，对创造来讲，好比添加了润滑剂、催化剂和增长剂。激赏贯穿于整个活动过程中。如"哇！好一个新颖的设想！""嘿！这作品有创意。很独特！"

2. 保护孩子的好奇心

孩子天生非常好奇、好问。他们经常问大人一些问题："天上为什么会出现彩虹？""白天时月亮藏到哪里了？""我为什么长得像妈妈？"在生活中，孩子还经常充当小破坏分子的角色，他用力砸开收音机或机器人玩具，想看看那些会唱歌、说话的小人，这些都是出自孩子的好奇心。一个好奇心强烈的孩子，对于新奇事物总是主动去寻根问底，提出各种各样的问题，以发现事物的内在联系。

所以，家长应该保护孩子的好奇心，要给孩子提供一个丰富多彩的认知环境，让孩子能从中获得新颖而神奇的感觉，使他对这个世界充满向往。例如，将孩子的好奇心引向大自然，让神奇的大自然容纳孩子无穷而强烈的好奇；把孩子的好奇心变成对知识的渴求和探索，等等。

3. 诱发孩子的想象力

要使孩子的创造力得到完善、良好的发展，对他们进行想象力的培养与锻炼非常重要。

想象，就是利用以往的感知材料，经过改造和组合创造新形象的过程。爱因斯坦指出："想象力比知识更重要，因为知识是有限的，而想象力概括着世界上的一切，推动着进步，并且是知识进化的源泉。"对于孩子来说，想象对他们一生创造力的发展有重要意义。由于孩子主客体尚未完全分化，常赋予无生命的物体以生命、感情和意志，呈现特有的"泛灵性"思维方式，从而给幼儿的联想、想象提供了充分的自由发展空间。想象可以使孩子冲破狭小的生活领域飞向广阔的认知世界，使孩子超越时间和空间的限制，从游戏中去模拟成人的行为，体验成功的快乐。

创造思维不同于一般思维之处在于有创造想象成分的参与。孩子天真发问或用想象来解释客观事物时，父母都要积极地诱导。同时，也要积极引导他们参加各种活动，促使他们广泛而仔细地观察、比较和体验，使之头脑中形成丰富准确和鲜明的印象，更好地发展创造想象力。

家长应尽量发掘孩子进行活动的想象功能，促进想象。对于孩子富有想象力的图画，凭自己想象拼搭的东西、自编的故事等等，都应该给予肯定和赞赏。千万不要用成人的标准去要求和评价孩子的创作。

4. 激发孩子的灵感

所谓灵感，就是人们对一个问题的思考和解决不是按常规的思维逻辑，而是受某种机遇或潜意识的触发，使大脑中各种信息重组，突然获得一种新颖思想和方法的精神状态。人们通过灵感可以产生与众不同的意识，能在无意间迅速解出百思不得其解的某道难题。如：高尔基的某些创作灵感，是在剧场看戏时产生的；英国诗人司聪格的某些想法总是在睡醒和起床半小时这段时间里浮上来的。

幼儿灵感的出现，表现在他们对某种事情一直是被动地在做，对某一问题总也想不通，但突然间来了情绪，不用大人催就能专心、愉快地去做，问题也就想通了，可过了这一刻，他又恢复了原状。对这种情况，有的家长习惯嘲讽孩子是忽冷忽热。其实，不应干涉他，而应在热时鼓励他，冷时不催促他，顺其自然，使他能愉快地体验灵感，加强对灵感产生的自信心。

5. 鼓励孩子积极思考

学会思考，对一个人成长极为重要。爱因斯坦说过："学习知识要善于思考、思考、再思考。"华罗庚对思考也有过精辟的论述："独立思考能力是科学研究和创造发明的一项必备才能。在历史上任何一个较重要的科学上的创造和发明，都和创造发明者的独立地深入地看问题分不开。"

思考是创造力的源泉，创新是民族的灵魂。学习知识要思考，发明创造要思考，完善人生也需要思考。没有提问与思考，或许蔡伦不会发明造纸术，牛顿不会发现万有引力，爱迪生也不会发明电灯、电话、留声机。

然而，看看现实，就知道中国的教育在这方面却存在着很大缺陷。例如，在中学生参加的数理化方面的国际比赛中，凡是需要死记硬背的题目，中国学生都能得高分；需要独立思考、判断、想象的题目。中国学生往往失分。在课堂上，孩子们往往不会提出问题，不会就老师提出的问题与同学互相交流，老师问一句则答一句，更不用说拓展开来回答问题了。

孩子不会提出问题，根源就出在很少读书，或者读书的时候从来没有自己的思考。不会思考，就不会提问题，这是很浅显的道理。不会思考的人，他只能被动地接受别人的观点，对于书中所描述的情节或人物没有什么看法，只是知道了书上是这么说的，至于这件事情的利弊、影响，人物的好坏从来都不考虑，那又怎么能提出问题，又怎么能回答具体？

审视我们的教育，并没有为孩子学会思考创造更多、更好的条件。学生为了应付升学考试，经常埋头于"题海"，老师更希望学生"按正确答案"回答问题，不鼓励学生"别出心裁"；在家庭中，父母有一句口头禅："好孩子一定要听大人的话。"言下之意，不听大人话的孩子不是好孩子。更多的父母希望自己的孩子"听话"、"服从"，不大教孩子"提问"，更不鼓励孩子独自做决定这样的评价标准，造成孩子从小就严重缺失思考的机会和能力。

6. 在游戏活动中培养幼儿的创造力

创造力是一种人人都有可能具备的能力。在游戏中，孩子双手的灵巧性受到锻炼，因四肢运动与大脑思维之间的生理联系，而促使孩子大脑最富创造性的区域得到开发。富有创造力的孩子凡事都喜欢问个为什么，喜欢评论事物喜欢尝试，思考变化多，反应迅速，不受已知信息的限制等。孩子在自己的自由天地中常常有创造性的表现，创造也会给他们带来快乐，使精神、心理获得极大的满足和成就感。这种成就感有助于儿童对环境、社会适应能力的建立。而这种适应能力又有助于他们的创造力在日后的实际工作中得到进一步的发挥。

八、培养孩子敢于否定别人的胆识

创造力的特征就是独特性和开创性。如果在学习和工作中，跟着别人亦步亦趋，永远都不可能有创造力。因此，培养和提高孩子的创造力，家长应该鼓励孩子敢于发表自己的意见，敢于否认别人的结论。过于依赖、盲从和过分谦虚是不可能有创造力的。当然，孩子在创造力发展过程中，不可能一帆风顺，会出现各种错误和挫折，在这种情况下，应该让孩子树立信心，因为新事物和新思想的创造不可能一蹴而就，要教育孩子不怕错误，改正错误，树立必胜的信念。

美国心理学家劳伦斯·哈特在对一些孩子进行了长达10年的追踪调查后，认为那些善于与人交往的孩子智商较高，往往比较聪明活泼，而且上学以后学习成绩一般都比较好，可以从其他人那里学到一些更广阔的知识。同时，一个活泼开朗、乐于与人相处的孩子容易受到同伴的欢迎和成人的喜爱，而且也容易适应新环境。

在玉华上幼儿园的时候，妈妈就定期约她的小朋友来家做客；有时，妈妈也带玉华到小朋友家里玩。每次家里来了小客人，妈妈都要精心策划玩的内容，不但准备了孩子们爱吃的水果和点心，还和他们精心编排文艺小节目，每人轮流当节目主持人和小演员，每人表演一个节目就会得到自己喜欢的食品。开始表演时，有的小朋友还有点怯场，妈妈就鼓励玉华带头先表演，看到玉华一首歌唱下来引起大家的热烈鼓掌时，怯场的小朋友也来了精神。有时，还来一场画画比赛，妈妈先出一个题目，每人画一张，等他们画完以后，妈妈再指出谁画的好，好在哪里，然后让他们合作画一张最好的。这样的活动让玉华学会了合作，提高了她的学习能力、协作能力和交往能力。

进了中学，玉华更是注重和同学们的团结合作。这时，玉华已是一班之长，她带领全班同学把班内的元旦文艺晚会、诗歌朗诵会、辩论会搞得有声有色。寒暑假，玉华又会组织几个要好的同学去拜访老师，和老师畅谈学习、人生，这又让玉华学会了和老师交朋友。如今，上高中的玉华不仅学习优秀，更是学校各项活动的积极分子。

的确，良好的交往能力是建立良好人际关系的基础和前提，它有利于人的心理健康发展，有利于人的自我意识的发展与完善，有利于人克服困难，促进事业的成功，实现人生价值。做家长的要积极支持和欣赏孩子的这种能力。

然而，生活中常常会听到有的家长说："我家的孩子不会与别家的孩子相处，在一起玩总是吵架。""昨天星期天我家的孩子把邻居家孩子的脸抓破了，以后我不让他们一起玩了。""某某孩子胆子很小，在玩的时候一直是独自一个人玩或者不玩。"诸如此类，反映了家长和孩子缺少交往的意识和能力。

现在的孩子大多数是独生子女，在家里像个小太阳，从小被娇生惯养，普遍存在以自我为中心的特点，有的孩子甚至较自私或任性。而且现在的家庭条件都比较好，有电视、DVD、电脑等现代设备，孩子们不出家门，就能消磨时间，长此以往，孩子们体验触觉、行动和对话的机会就大大减少。由此可见，鼓励和帮助孩子学会交往是十分必要的。但怎样让孩子学会与人交往，这是我们教师与父母均需要学习的一项育儿技能。

1. 发现和培养孩子的交往能力

有的孩子天生就会结交朋友，但不是所有的孩子都具备这种优势。孩子的交友能力包括：倾听能力、谈判能力、承诺能力和换位思考能力。因此家长要教会孩子——

（1）多听多看。要告诉孩子，人有两只耳朵，就是要多听；有两只眼睛就是要多看。唯有通过听与看，才能更深入地了解朋友。多了解，才能体谅对方的立场，明白对方的想法。朋友有损友、益友之分，睁大眼睛瞧，竖起耳朵听，仔细分辨后，才不会交错朋友。

（2）多赞美别人。要告诉孩子，世界上最经济的礼物就是赞美，它不但能鼓舞别人，使别人产生欢喜心，而且也能带给对方信心，所以要不吝啬地去赞美别人。

（3）多看别人的好。要告诉孩子。人无十全十美，所以交朋友时，应该从他的优点去看，才会更喜欢他；反之，若只会挑剔别人的毛病，久而久之，难免会得罪别人，也交不到好朋友。

（4）多关怀别人。要告诉孩子，朋友之中，若有人需要精神鼓励的，千万不要珍惜；朋友之间，互相关怀鼓励，感情将会渐渐深厚。

（5）待人诚恳。要告诉孩子，交朋友重在"诚"字，如果自己一直存有诚恳之心，即使偶有误会，日后也一定会化解，朋友也将能体会自己的真心。所谓"日久见人心"，诚心诚意地对待人，友情才能持久。

（6）多包容别人。要告诉孩子，人难免做事有差错，当朋友犯错时，应该包容他，并且鼓励他改过，将他导入正途，这才算是真正的朋友。

（7）表现乐观。要告诉孩子，人大都喜欢快乐，不喜爱悲愁，如果平时表现出来的言谈举止是达观、乐观的态度，别人比较愿意接近，因为和这样的人在一起，他们能得到快乐的感受；这样，自己也比较容易交到朋友。

（8）不可骄傲。要告诉孩子，"满招损，谦受益"，交朋友要有这样的心理素质，才能获得朋友真心的赏识。

（9）充分发挥自己的专长。告诉孩子，要知道自己的专长，并且充分发挥它，使朋友也能和自己一起分享，在志同道合的情况下，朋友的距离就拉近了不少。

（10）善于谈判和思考。要告诉孩子，步入社会最重要的能力之一就是谈判能力，应该学会遇事做出不同的选择。如果为一件玩具而产生矛盾，最好谈判解决，如建议玩具的主人先玩一会儿，然后再借给伙伴玩；或为公平起见，让彼此交换玩具玩。还应该学会思考，想想矛盾是怎样开始的，双方的感觉如何，问题应该如何解决。

2. 鼓励孩子多交益友

有一只小狮子，因为喜欢听人家赞美它的话，于是离开了狮群，跑到驴的队伍里去，整天和驴玩耍。凡是驴类所能做的事，驴类的叫声，它都学得惟妙惟肖，没有一样不像的。过了很久，它在驴群里过得厌了，就回到自己的家里去，见了它的父亲老狮子，说道："我在外面学了不少的技艺回来啦。"

老狮子问："你学会了什么？可以表演给我看吗？"

小狮子说："可以。"

于是，小狮子把从驴群里学来的技艺，尽量地表演一番，最后它学驴子的叫声。

老狮子一听，吓了一跳，说道："这就可以证明你结交的朋友，都是些没用的朋友。"

小狮子答道："你为什么要责骂我？我的朋友是常常赞美我的！"

老狮子道："这些赞美你的驴，不见得是有本领的驴啊！因为狮子所鄙视的，正是驴类所赞美的。"

俗话说：跟着先生学念书，跟着屠夫学杀猪。结交什么样的朋友，就会学到什么样的本事。一个威震草原的狮子，跟拉磨的驴学习，又能学到什么能耐呢？驴叫声学得再好，顶多在驴类中称王，又怎能与声震山川的狮吼相比呢？所以，要鼓励孩子结交比自己强的朋友，结交有学问、有智慧的朋友，这样才能学到真正的本领。

3. 尊重孩子的朋友

有的父母喜欢按照自己的意愿要求孩子去选择朋友，这给孩子带来了一定的心理压力，甚至还会引起孩子的逆反心理。怎样去对待孩子的朋友呢？这个问题一直困扰着许多父母。其实，最关键的是父母要转变态度，让孩子拥有自己的朋友，尊重他的选择，而不是用挑剔的眼光来衡量他们。这样，孩子自然也就会接受父母的帮助和指导。孩子只有有了自己的朋友，他才会有更多的生活体验，学会如何与人相处，如何关心和帮助他人。如何解决与他人的矛盾，如何向别人学习……这样孩子才能从中获得交往的快乐，也才能有健康的人格。

4. 告诉孩子珍惜和发展友谊

孩子们在一起斗嘴吵架是难免的，即使是好朋友也不例外。当孩子间发生了争吵，家长要保持冷静的态度，不要为此而杜绝孩子间往来，要采取劝解的办法加以疏导，切不可袒护一方；要帮助孩子多从自身寻找原因，如果是自己孩子错了，要让孩子主动去赔礼道歉，鼓励孩子与伙伴和好；还要教育孩子多关心帮助伙伴，当孩子的伙伴生病时，提醒孩子主动去关心探望。要让孩子将自己心爱的东西与同伴分享。教育孩子尊重、体谅伙伴，交往中要不怕吃亏，不要处处占上风；还可鼓励孩子进行一些有意义的互赠礼品活动，如画一幅画，自制一个小玩具送给好朋友，从而不断发展孩子之间的友谊。

5. 走出交往能力的误区

误区一：朋友越多越好。让孩子拥有至少一个固定交往的朋友很重要。孩子一个朋友也没有，这固然是不正常的交往状态，如果孩子有很多朋友，但友谊却不能持久，这时要反省孩子是不是在交往上出了问题。如果能够维系较长时间的友谊，即使孩子只交了一个朋友，家长也不必太担心。

误区二：孩子说话声音大说明孩子"会交际"。大声嚷嚷并不比用温和的口吻说话更有说服力。孩子和新伙伴的交往也需要一定的基础，例如彼此真诚对待、能和朋友分享、能愉快地玩在一起等。在孩子的交往中，能不能维系友谊才是问题的关键。

误区三：孩子讲不讲礼貌没关系。孩子待人接物的态度在很大的程度上会影响他的人际关系。讲礼貌的习惯不是天生就有的，而是从小培养起来的。孩子越早拥有礼貌的态度，他就越容易被别人接受。

误区四：认识新朋友才是"交际"。孩子的"交际"不是成人的"公关"，认识新朋友固然可以提高孩子的交往能力，但和家人的和谐相处也可以看出孩子的交往能力。孩子大部分时间是和家人在一起的，让孩子学会和家人和谐相处是他与别人交往的基础。

误区五：家长代替孩子交往。一些家长在孩子交往问题上表现得比较好面子，有时会担心孩子不会交往，就索性代替孩子交往。例如，有个妈妈虚荣心很重，每当她带着孩子见到熟人，孩子还没有说话，妈妈就先开了口："我们家孩子胆子比较小，内向，羞怯。"其实，妈妈就是担心孩子说话笨嘴拙舌，说得不得体而让她没面子。这样一来，孩子本来想要说的话也不敢讲出口了。当家长代替孩子交往的时候，实际上是在保全自己所谓的"尊严"和"面子"。这样做，家长虽然保全了"面子"，孩子却损失了可贵的交往机会。

九、对孩子的勇敢行为给予赏识

人，不仅在一生中需要用勇敢的精神克服各种困难，而且在各项工作中，要依靠勇敢精神争取事业的成功。对男孩子来说，勇敢精神是男子汉品格的重要组成部分。一个胆小怕事的男子是男子，但不是男子汉。

家长都希望自己的孩子具备勇敢的品质，但有些孩子胆子却很小。比如，有些孩子每当父母不在身边时往往就会感到害怕，有的孩子怕黑，有的孩子怕"鬼怪"。不敢一个人睡觉，不敢到没有电灯的房间里去拿东西，也怕见到陌生人，甚至连在同学面前说话也有点胆怯。这样的孩子，缺少做事的勇气，很难想象将来会做出惊天动地的大事。

一天，三岁的佳佳正和小伙伴们在一起玩耍，他们的父母就站在不远的地方，一边目不转睛地看着自己的孩子，一边讨论着教育孩子的方法。

这时，佳佳跑着跑着，突然脚下一滑，摔倒在地上。倒地之后，佳佳并没有哭叫，刚想自己爬起来，这时候不远处的妈妈心急火燎地跑了过来，十分心疼地抱起佳佳，一边抚摸着他刚才摔到的地方，一边反复询问他摔疼了没有。佳佳这才感觉到是有点疼，于是放声大哭起来。小伙伴们看佳佳哭了，都四散而去，刚才孩子玩耍大人看的温馨场面顿时无影无踪。

上面这个故事在现实生活中可以说屡见不鲜，正是因为父母们的过度关心和保护，让孩子本来可以勇敢面对的事情却以大哭一场结束。长此以往，孩子就失去了敢于面对困难的勇气，而是变成了温室里的花朵，一旦离开父母和家庭，就变得胆小脆弱起来。

那么，家长该如何培养孩子的勇气、提高孩子的胆量呢？只有靠赏识和鼓励。例如，在孩子要做一件需要勇气甚至有些冒险的事情时，父母不要恐吓孩子，而应该对孩子的勇敢精神给予赞赏和适当的引导、保护。特别要注意鼓励男孩子勇敢刚毅的表现。男孩子喜欢登梯爬高，父母不应该拒绝孩子，更不要大声吓唬孩子，这样会使孩子的胆量越来越小。这时，家长应该对孩子的勇敢精神给予赞赏，同时要给孩子讲清只有在大人的保护下才能爬高的道理。这样既培养了男孩子勇敢的性格，又让孩子增加了安全意识。

一次，刚刚看到建筑工人在屋顶上施工。回到家，便对爸爸说："我想到屋顶上去！"

"你到屋顶上干什么？"爸爸问。

"我就想到高处去看看。"

"好，你的想法不错，而且很勇敢，那你想怎么上去呢？"

"我爬梯子上去啊，爸爸给我安好梯子我就可以上去了！"

"嗯，爸爸可以给你安梯子。不过你要答应我一个条件。"爸爸说。

"好吧，你说，什么条件？"

"爬梯子和到屋顶上都很危险，小孩子不能自己来，所以爸爸必须和你一起上去，保护你不受伤害，你说怎么样？"刚刚想了一会儿，答应了爸爸。

于是，刚刚在爸爸的保护和帮助下爬上了屋顶，他站在上面兴奋地大声叫喊，脸上洋溢着成功的满足。

可见，对孩子的勇敢行为给予赏识，激励孩子更加勇敢地面对事物，这比一味地保护要有效得多。

对孩子的胆量，要从小培养；对孩子的勇敢精神，应从小训练。为此，家长可以从以下方面着手：

一是预先告诉孩子可能出现的变化。比如孩子害怕大的声音，那么走在铁路旁，你要先告诉孩子：来了一辆大火车，如果你不想听汽笛声，先把耳朵捂上。这是让孩子做个决定，是提供机会让他选择。但有些妈妈会对孩子说"快捂上耳朵，火车来了，汽笛声该吓着咱们了"，这样说等于告诉他害怕是对的，你希望他这么做。

二是不要总提使孩子受到惊吓的事。安抚孩子的最好办法不是不停地说话，而是要控制住自己，尽量少说话，只是搂紧他。等他恢复正常后，不要继续谈论使他害怕的那件事，不要试图帮他分析什么，"噢，宝贝儿，刚才叔叔把咱们举到半空，吓着咱们了是不是？"这样的话毫无安抚意义，反倒强调了恐惧。

三是如果孩子不听话，家长不能心急，也不能打骂指责，更不能用鬼怪来吓唬孩子。要耐心引导，正面教育。对胆小的孩子不能用强制训斥的方法，切记，家长千万不要把一个怕水的孩子强行推下水去，这样做，绝大多数效果不好。如果发现孩子尽管怕水，但还是站在离水很近的地方，那么，家长应该耐心等待，给孩子时间，最后，他一定会下决心，自己走进水里去的。

四是孩子已经受到惊吓，告诉他"别怕"，一点用处都没有。这时要慢慢地跟他说话，轻轻地拍拍他或紧紧地抱住他，父母是他最信任的人，这样做会让他感到安全。"恐惧"这东西是通过教育、经历和被自己信任的人切实保护才能摆脱的。

五是有的孩子不敢独自进空房，家长不要强行逼迫孩子进去，最好先陪孩子一起进去，让孩子到房里看看确实没有什么可怕的，以消除孩子的疑虑。下一次，家长可以送他到房门口，家长站在门口不走，让孩子进房子里去取东西，当孩子进房里后，回头看看家长在门口不走，他便会比较放心地进去取东西。这时家长应表扬并鼓励他，孩子的胆量慢慢就会大起来。

六是有的孩子怕狗、怕猫，一看到它们就心惊肉跳，唯恐躲避不及。家长可以自己先摸一摸，或让其他不怕狗的孩子先摸一摸，让他看看。然后，再鼓励孩子自己也去摸一摸狗，使他亲身感到并不可怕。最后，孩子就会高高兴兴地把它抱起来，逐渐地就不怕猫狗了。这个方法叫作系统脱敏疗法，是一种治疗胆小十分有效的方法。

敢于冒险，是勇敢精神的具体表现。中国的孩子长大后在事业上大多缺乏敢于冒险的精神，这与他们从小缺少这方面的训练有关。而在美国，孩子的家长大多都鼓励自己的孩子要敢于冒险，要做打破常规的事情，不过违法的事除外。因为美国的家长们认为孩子只有在冒险里才能不断探索出新的知识，寻找出新的领域，就算失败了也会获得丰富的经验。他们不会刻意地在乎眼前孩子的得与失，他们重视的是孩子的未来。

中国有句话，叫作"一朝被蛇咬，十年怕井绳"。例如，一旦孩子在游戏中受伤，便再也不许孩子接触游戏了。有的家长甚至整日为孩子的安全忧心忡忡，恨不得一天 24 小时都守在孩子身边，生怕孩子出事儿。有的学校组织踏青，家长一定要陪伴前行；学校组织爬山，家长便借口孩子身体不舒服，干脆请假不去……在家长的刻意"保护"下，孩子的安全系数看上去的确是大大提高了，然而他们的冒险精神却像沙漏一样日益流失。

这样做的结果，对孩子的成长极为不利。专家告诫说，缺乏冒险精神的孩子，性格会很消极，依赖性会很强，意志力会很弱，责任感会很差……就像温室里长大的花朵，经不起任何风风雨雨。特别是男孩子，如果他们的人生缺少冒险经历，其性格必然是阴柔有余阳刚不足，很难在未来的社会角色扮演中担当大任。

冒险，是孩子成长的"催化剂"。正是它，一步步地把孩子们从目前所在的地方，引领到他们所向往的远方。人生的过程，其实就是一连串的冒险过程。孩子们正是在一连串的冒险中学会了勇敢，锻炼了体魄，增长了智慧，开发了潜能，形成了创造力……

因此，培养孩子的冒险精神，要从小做起。做父母的，应该鼓励孩子做各种有益的游戏，支持孩子参与各种有益的活动。不要害怕孩子会摔跤，爬起来后孩子的脚步会更稳健；不要担心孩子会受伤，经过摔打的体魄才更强健。同时，家长作为孩子的效仿对象，还要在孩子面前多展示坚强、勇敢的一面，让冒险精神永远伴随在孩子的左右，并成为他们人生的主旋律。

培养孩子的冒险精神，要求家长从小关注孩子的探索行为。婴儿一出生就会看、能听，有触觉、味觉和一定的运动能力，这为他的探索活动奠定了物质基础。例如，当室内光线不太强时，他会慢慢睁开双眼，带着好奇心注视周围人的面孔。研究证明，新生儿喜欢看人脸和规则的脸谱，不喜欢看乱涂的脸谱。孩子注视你的脸时，眼睛睁大，眼光明亮，常常停止吮吸和运动。父母和婴儿之间的充满感情的对视，有助于发展婴儿认知父母的能力。

十、不要把"听不听话"作为评价 孩子的首要标准

所谓"淘气"，多是形容那些"不听话"的孩子。他们爱惹是生非，爱给家长添麻烦，让人很头疼。家长再三劝告、批评，效果仍然不好。这样的孩子，就会被人笼统地归结为"淘气"。淘气的孩子常招致家长的抱怨："他跑来跑去，一刻也不得安宁。""他调皮任性，整天和你对着干，他们胆大妄为，随时都会淘出个新花样……"

与"淘气"相对应的，就是所谓"听话"的孩子了。家长都希望自己的孩子"听话"，"听不听话"是评价子女的首要标准。这种思想表面上看是强调子女对家长的态度，实质上是要求孩子养成"顺从"的性格，即在家里要听从父母长辈的话，在学校里要听老师的话，在工作单位要听领导的话，在社会上要听大家的话。然而，家长是否意识到，这样要求孩子时时、处处、事事都听别人的，按照别人的

意志行事，而不主张孩子有自己的独立见解，遇事不进行独立思考，遇到问题不能独立分析、处理和解决，不能自主，唯命是从，唯唯诺诺，像这样的人一旦离开家庭、父母，怎么能够立足于社会呢？更不用说在事业上有什么作为了。

把"听不听话"作为评价子女的首要标准，这是封建家庭教育思想的流毒。而今天，缺乏独立意识和能力，是难以适应今天的社会生活、自立于社会的。特别是我国实行改革开放，发展市场经济，使人们的活动范围更广泛了，社会生活内容也进一步丰富、复杂了，要求人们学会独立思考，具备开拓进取的精神。新的生产方式和社会生活对人们提出了新的要求，要是再一味地强调子女"听话"、"顺从"，遇事自己没有主见，这样的人独立生存的能力很差，将来很难在社会生活中有所作为。因此，家长必须根据社会发展的需要，更新旧的评价标准，不能盲目肯定"听话"的孩子，也不能一味否定"不听话"的孩子。

没有一个孩子不淘气，只有程度不同。那些看似挑战、不听话的举动常惹火家长，但这正是孩子聪明的表现，此时的家长一定要走出"听话教育"的误区。

在日常生活中，往往有许多父母只把注意力集中在孩子"淘"所产生的所谓"不良"后果上，而忽视了孩子"淘气"背后深层次的东西，忽视了孩子在"淘"中所表现出的优点和值得赏识之处。

孩子淘气，多数表明孩子性格好动，求知欲强烈。但在多数父母眼里。这样的孩子却是不听话、好争斗、叫人头疼的。例如，陶期的妈妈走进他的房间，差点以为走错了地方。原来好好的房间，此时地板上和墙上都涂满了面霜。"你真让我气疯了！"妈妈叫道。陶期赶忙抢着说："妈妈，我在制造一个冬天的景色。这样不好吗？"显然，这种调皮捣蛋的行为违反了妈妈"不能在室内乱画"的家规，又浪费了妈妈的面霜。其实，从某种意义上讲，孩子的不听话恰恰反映他有主见，而所谓好争斗恰恰反映他有进取心。虽然主见多带有主观和无知的倾向，进取心也有些逞强和虚荣心的成分，但这并不能掩盖孩子在淘气中所表现出来的值得父母赏识和鼓励的闪光点。因此，对于淘气的孩子，父母要站在赏识的角度上给予正确引导。对此可以有针对性地带孩子看电影、逛公园、参观展览馆，或者学习唱歌及绘画等。通过多渠道教育，因势利导，更换兴奋点，将他们过剩的精力、体力发挥到适当的活动中去，这样不仅可以满足孩子好动和求知的心理需求，而且可以让孩子学到更多的知识和技能，从而收到更加理想的效果。

过分听话的孩子往往是缺乏独立性的表现，千万不要认为孩子聪明就是学习成绩好、听话守纪律，而忽略了对孩子的创造力及其潜能的开发与培养。顽皮是孩子的天性，是任何一个孩子生理、心理发展到一定程度出现的必然现象。顽皮的孩子往往比较聪明，有个人主见，意志比较坚强，家长只要善于引导，顽皮的孩子更有可能成为一个极具创造力的人。

对于孩子的淘气行为，家长要有宽容、理解的心。孩子由于认知能力发展的限制，往往把别人的家当作自己的家看待。他们的控制力比较差，只顾玩得高兴，为所欲为，加上孩子天性好奇，这儿捅捅那儿动动，把玩具摔了、拆了都不稀奇。此外，一群孩子在一起，相互模仿，彼此比赛，比单个孩子要淘气得多。

不过，调皮归调皮，毕竟不是恶劣的坏行为，只要不是经常地出自愤怒、残忍或怀有恶意的、会使人身体受到伤害的行为，家长都应当大度一些、宽容一些，从孩子的成长过程来看，淘气行为是天生的，它是孩子不断走向成熟的必要"演出"。

话又说回来，如果孩子"淘气"后果严重。则不应姑息。从孩子能理解大人的话时开始，家长就要注意帮助孩子逐步学会正确评价和判别自己行为的适宜度，让孩子慢慢明白，什么是应该做的，什么是不该做的。一般来说，孩子比较小时，自制力的培养主要是生活习惯上的问题，如规定孩子有规律地生活。让孩子按时就寝、准时起床、按时吃饭、按时做作业及游戏、按时完成父母指定的家务等。随着年龄增长，在培养孩子约束自己的同时，要让孩子懂得其中的道理，及时进行道德教育。孩子一旦陷入难以自拔的地步，家长必须采取催人警醒的断然措施，让孩子"猛回头"。

希区柯克是英国著名电影导演，他成功地把性感、悬疑和幽默融合在电影里，创立了惊悚文艺类影片，对世界电影产生了巨大影响。这位电影天才，小时候却是个十分顽皮的孩子，让父母伤透了脑筋。四岁起，他就与伙伴们打闹，搞恶作剧，捉弄别的孩子。他有时故意把东西摔坏，有时异想天开从高处跳下来；他还故意把邻居的玻璃打碎，把别的小伙伴打伤……几乎天天在外面惹是生非。经常可以看到怒气冲冲的邻居找到家里来，向他的父母告状。结果是：他的父母向对方赔礼道歉，赔偿对方受到的经济损失，或支付受伤孩子的医疗费。

稍大之后，希区柯克脑子里稀奇古怪的想法使他铤而走险。八岁时，因为幻想要做一个探险家，便成天不把心思放在学习上，而是寻思着如何去旅行。于是，他终于瞒着家长，乘公共汽车去了伦敦，想从这里开始环游世界。这样的"探险"不仅令家人捏了一把冷汗，还造成了家庭经济上的负担。一气之下，父亲狠狠揍了他。

父亲一直在寻找教育这个顽劣儿子的机会和方法。为了惩罚这个惹祸的儿子，他在一次愤怒之后，突发奇想，决定用一种希区柯克意想不到的办法来惩戒他。令父亲没有想到的是，这个办法还真起到了作用，使孩子有机会审视自己的所作所为。

一天，父亲将一封写好的信交给希区柯克，对他说："这封信非常重要，你必须把它送到信封上写的这个地址，而且亲手把信交给收信人，不得有误，否则就将承担后果。"本来就想在外面乱跑的儿子，接到这封信后，高高兴兴地去了。他按信上的地址，找了很久，才找到一所房子前，门口正站着一个警察。他一打听，这个警察正是收信人。于是，他把信交给了这个警察。警察看了信后，很严肃地说："你叫希区柯克？"希区柯克道："是的。""请跟我来吧。"警察面无表情地说。希区柯克跟着警察走了进去，万万没有想到的是，他被警察关进一间房子里。"这是为什么？"希区柯克不解地问。"因为你的父亲告诉我，你从小到大经常犯错误，屡教不改，给家人造成不小的精神压力。为了让你记住过错，思考今后的打算，你的父亲希望关你的禁闭，以示警诫。"然后，警察添了一句："我们就是这样处罚不听话的孩子的。"

希区柯克在禁闭室虽然只关了10分钟，但对他的影响却是巨大的。在禁闭室里，他回忆起自己的所作所为，明白了父亲让他送信的苦衷，知道自己的过错使家里人到了忍无可忍的地步。从这之后，他决心好好学习，不再冒失。经过努力，小学毕业后，他的成绩逐渐好了起来，被父亲送到伦敦圣伊格纳修斯学校学习。在这里，他开始接触艺术，并最终走上了艺术之路。

希区柯克父亲的教育方法，也许是一个独特的个例，但却说明，对于过分淘气的孩子，采取适当而有效的措施加以矫正，是完全有必要的。

十一、赏识孩子用自己的眼睛观察世界

乔治·波特是英国著名的化学家，他出身于牧师之家，父亲是一位虔诚的基督徒。因此，父亲经常在业余时间向波特传播教义。受父亲的影响，小波特也信教，甚至产生了长大后也当一名牧师的念头。因为在他眼里，父亲最伟大，知道的东西很多。

小波特读书很用功，学习成绩也很优异。每当他在学习中遇到难题时，第一个想到的就是父亲。但是，父亲的知识主要在人文学科领域，而自然科学领域则相对匮乏。因此，他常常被儿子问得哑口无言。随着年龄的增长，随着对日常生活的观察和思考，小波特对上帝产生了动摇。他经常想：上帝果真是万能的吗？父亲那么虔诚地信仰上帝，上帝为什么不让父亲多学点数学呢？上帝为什么不来辅导我学习数学呢？为什么那么多信仰上帝的人照样生病死去？除了医院能救治病人，为什么从来没有看见过上帝救治过病人？……同时，日益增多的科学知识，使他对宗教的说教产生了怀疑。他开始对没完没了的祈祷感到无聊和厌烦。

一天早上，父亲照例叫醒小波特，带他去祈祷。小波特对上帝厌恶极了，他顾不上穿衣洗脸，就跑到窗户下面，面对天空喊叫："我不相信你的存在！我烦死这一切！如果我错了，你就让我死好了。"

父亲被吓了一跳。他以为儿子在同自己说话，可他仔细一瞧，才发现儿子是在冲上帝说话。但父亲没有干涉儿子，不再强求儿子跟他去教堂。

从此以后，小波特正式与上帝决裂。他不再去祈祷上帝，也不再信仰基督，而是被科学深深吸引住了。他如饥似渴地学习自然科学知识，同化学、物理、数学结下不解之缘。这时，父亲没有因为儿子彻底背弃上帝而动怒，也没有因为与儿子的信仰不同而疏远他。父亲鼓励儿子要用自己的眼睛观察世界，用自己的大脑去思考问题，只要是自己通过心灵获得的，就是属于自己的。

中学毕业后，波特以优异成绩考上了大学，学习他钟爱的化学专业。这时的他，已决心把自己的一生献给人类的科学事业。

孩子是一个独立的个体，有自己的眼睛和大脑，他们会用自己的眼睛观察世界，也会用自己的大脑思考真理。做父母的在孩子成长过程中，只能教给孩子探求真理的方法，而不能把自己的观点强加给孩子。鼓励孩子多观察、多思考，赏识孩子敢于否定的精神，相信他会有一个自己的"判断"，一旦孩子选择的"路"与自己不同时，也要尊重孩子的选择。因为，那是他自己的"眼睛"观察到的东西。

赏识和鼓励孩子的怀疑意识有利于孩子成为创新型人才，因为怀疑是产生真理的前提条件。"不唯上，不唯书，只唯实"，就是告诉我们不要轻信别人和书本，要勇于怀疑，在怀疑中发现事物的真实本质。

一位教育心理学专家让法国的小学生和中国的小学生同时完成下面这道测试题：一艘船上有 86 头牛，34 只羊，问：这艘船的船长年纪有多大？结果，超过 90% 的法国小学生对这个题目提出了异议，认为这道测试题根本没办法问答，甚至嘲笑老师的"糊涂"。显而易见，这些学生的回答是对的。而中国小学生的回答恰恰相反：有 80% 的同学认真地做出了答案：86-34=52 岁。只有 10% 的同学认为此题非常荒谬，无法解答。做出正确回答的同学竟然只有 10%！

这位法国教育心理学专家很惊讶，两国小学生的答案为什么会出现这么大的差别？他通过对中国这 80% 小学生的调查后发现，他们之所以做出令人匪夷所思的答案，是因为他们认为："老师平时教育我们，只有对问题做出回答，才可能得分；不做的话，就连一分也得不到。老师出的题总是对的，总是有标准答案的，不可能没办法做，也不可能没有答案。"

由此可见孩子的怀疑精神是多么重要！而作为父母，应该好好珍惜孩子的怀疑，而不是横加干涉，掐断孩子怀疑意识的幼苗。

一天，媚媚拿着语文书对妈妈说："妈妈，我发现书上有一个字写错了。"

"是吗？哪个字，让妈妈看看。"妈妈微笑地说。

媚媚指着书上一个"他"字对妈妈说："这个字不对。"

"为什么不对呢？"妈妈问。

"因为'他'指的是小蝌蚪，小蝌蚪是动物，应该用这个'它'。"媚媚一边说，一边在妈妈的手心里写了一个"它"字。

"噢，你的怀疑很有道理，让妈妈看看。"妈妈把书拿过来，仔细看了一下课文，然后对媚媚说："在正常情况下，小蝌蚪是应该用'它'，但是课文中是把它当成一个找妈妈的小朋友来写的，这是童话里常用的方法，是一种拟人式的写法，所以就用了'他'，明白了吗？"

"噢，在课文里小蝌蚪是妈妈的孩子，是和我一样的小朋友，所以用了'他'，对吗？"

"嗯，媚媚真聪明！"

媚媚妈妈的做法是值得肯定的。古希腊哲人德谟克利特说过："头脑不是一个要被填满的容器，而是一支需要被点燃的火把。"我们在教育孩子时，也要改变过去给孩子填鸭式灌输的消极模式，改变孩子被动的地位，鼓励孩子怀疑事物，充分调动孩子的主观能动性和创造性。

培养孩子敢于怀疑的品质，最重要的是要鼓励孩子独立思考。独立思考，包括独立发现问题、提出问题和分析问题的思路和方法。善于独立思考。遇事就能运用自己的眼睛去观察问题，用自己的头脑去思考问题，就能创造性地去认识和探索解决问题的途径。孩子如果养成这样的习惯，不仅有利于现在的学习，也能为将来的学习乃至终生的事业奠定基础。许多父母都"望子成龙"，很重视对孩子的智力开发，但却忽视了一种既经济又有效的开发智力的方法：那就是让孩子独立思考。这是幼儿教育认识的误区。

一天，正在给学生讲课的哲学家苏格拉底拿出一个苹果，对学生们说："请大家闻闻现在的空气中有什么气味。"

一位学生举手，回答："我闻到了，是苹果的香味。"苏格拉底走下讲台，举着苹果慢慢地从每一个同学面前走过，并叮嘱道："大家再仔细闻一闻，空气中有没有苹果的香味？"

这时，大多数学生已举起了手。苏格拉底回到讲台，又重复了刚才的问题。这一次，除了一名学生没有举手外，其他人全部举起了手。苏格拉底走到这名没举手的学生面前问："难道你什么气味也没有闻到？"那个学生肯定地说："是的，我真的没有闻到！"苏格拉底高兴地对大家宣布："他是对的，因为这是一个假苹果。"

这个学生就是后来大名鼎鼎的哲学家柏拉图。如果没有独立的思考，柏拉图不会在真理的探究之路上走得那么远。

如果你的孩子具有这种敢于怀疑的精神，就要支持他、鼓励他，欣赏他的这种精神。有一个小学生在课堂上听老师讲到蚯蚓有很强的再生能力，即使被断成两截也可以活下去，并可能分别再生长出完整的蚯蚓。这位学生很好奇，一定要弄个明白。于是，他挖来蚯蚓断开两段，放在窗台上养起来。母亲发现后非常生气，狠狠打了他一巴掌，并把蚯蚓扔出窗外。这位母亲也许没有想到，她这一巴掌会造成什么样的后果，她很可能打掉了一个未来的科学家。孩子的怀疑精神是可贵的，他的怀疑完全有可能结出科学的硕果。

第二章
自己的孩子最棒

一、不妨让孩子发发小脾气

看见自己的孩子在众人面前"脾气发作"，对父母来说是很件难为情的事。一般情况下，当孩子当众有异常表现时，父母首先想的是自己的面子，却很少有人真正地去关心孩子此时的心情与情感需要。于是，父母便会对孩子的行为很快地加以压制。

其实，这样做是不对的。作为训练有素的成人，在父母的脑海中有成套的清规戒律，什么样的行为是可以接受的，什么样的行为是不应该发生的。在情感表达上父母也有明确的概念，什么样的情感是值得赞扬的，什么样的情感是不应该存在的。

而孩子却没有形成这样的概念。比如，孩子在两岁左右爱发脾气是一种正常现象。因为这一年龄段的孩子易冲动，自制力差，对挫折的容忍程度是有限的。孩子要到外面玩，父母不允许，为什么不允许，他不明白，有可能就要通过发脾气的方式表达自己的感情。而四岁以上的孩子，对挫折有了一定的控制能力，初步明白了一些事理，如果还频频哭闹、经常发脾气，那么其原因大多会在父母身上。

父母应该明白：发脾气是孩子正常的情绪宣泄，要允许孩子发发小脾气，但更要找到孩子发脾气的原因和安抚孩子。

雯雯一向很固执，对自己认准的事情决不回头。如果不如意就发脾气，找理由哭闹，妈妈对此十分头疼，总是提防着她的坏脾气爆发。

妈妈常常对朋友说："我家雯雯一般都很乖，就是脾气一上来，怎么说，怎么劝，都不行，真是软硬不吃。"一天一位朋友说："她总是有原因的吧？不会无缘无故就哭闹吧？"

妈妈留心观察，发现雯雯总是在父母不耐心或有恼怒表情后开始"发怒"，而且纠缠不清。妈妈翻开一些育儿书来看，其中讲到孩子对归属感的寻求，不禁有些醒悟。也许雯雯看到父母生气，会想到他们不再爱他，所以有危机感，因恐慌而暴怒？

找到原因就好办了。有一次雯雯又闹起来，这次妈妈没有训斥或表现出厌烦，而是和颜悦色地拥抱着雯雯说："妈妈知道你心里难过，能不能告诉妈妈为什么难过呢？"这样问了一阵，雯雯终于吞吞吐吐地说："我看你刚才生气，以为你不喜欢我了。"

"傻孩子，妈妈怎么会不喜欢你，刚才妈妈情绪不好，所以对你态度也就不好了。可是妈妈是喜欢你的，你要相信妈妈。"这样以后每当雯雯有迹象要发怒时，妈妈首先向雯雯声明她喜爱雯雯。这的确使雯雯平静了许多，不再没完没了地"找麻烦"了。

孩子脾气发作，不仅严重损伤孩子的情绪和生理状态，而且也使父母狼狈不堪，感到很棘手。所以父母要想方设法制止孩子哭闹、发脾气。怎样制止呢？一定要根据发脾气的原因"对症下药"，方能奏效。就像案例中的雯雯妈妈，妈妈发现雯雯发脾气的原因是因为孩子担心妈妈忽视了自己，找到了孩子发脾气的原因，也找到了减少孩子发脾气的办法。

给孩子发脾气的权利

假如孩子正为某事在气头上，要允许他发脾气。父母不妨先坐下，安静地等待孩子，安静地看着孩子，不去打断他的怒气，全神贯注地关注孩子，这等于告诉孩子：你是被我在意的，我在认真地注意你的感觉或问题。给孩子发脾气的权利，有助于孩子宣泄心理能量，也是对孩子关爱的表达。

父母自己不要经常发脾气

当父母火冒三丈时，要注意孩子很可能会模仿这种处理问题的方式。如果父母动辄勃然大怒，又怎能期望孩子控制好情绪呢？因此，为了培养孩子良好的性格，不乱发脾气，父母一定要以身作则，为孩子创设一个良好的家庭环境氛围，让孩子保持积极情绪，学会控制不良情绪的爆发。

父母的教育态度要一致

当孩子发脾气时，千万不要在成人中间形成几派，有人不理睬，有人去哄劝，有人离孩子而去，还有人跑到孩子面前讨好。成人彼此之间一定要沟通好，一旦孩子发作，全家人采取一致的态度，更不要当着孩子争论。否则他就会更加哭闹不止。

满足孩子的生理和心理需要

孩子处于饥饿和疲劳状态时，易发脾气。这一点父母都很清楚，但对孩子心理需要却重视不够。孩子有游戏和交友的需要，父母对此能否正确对待，对孩子是否发脾气有很大影响。还要培养孩子的广泛兴趣和爱好，在不影响孩子学习的前提下，可引导孩子学习绘画、下棋、弹琴等，以逐步培养他豁达的性格。

转移孩子的注意力和松弛训练

孩子生气时，父母除了表示对他理解和关怀外，还要尽量转移他的注意力，引导他做些愉快的事。对大一些的孩子可通过各种体育活动来达到其精神和身体的放松。有规律的深呼吸也有助于孩子身心松弛。

及早发现孩子发脾气的苗头

发现孩子发脾气的苗头后，父母要鼓励孩子把心中的不快倾吐出来。一旦发现孩子的情绪有导向发怒的可能，父母应立即提醒他。并搞清哪些事情正在困扰着孩子，并向孩子提供一定的帮助。

让孩子有适当发泄的机会

如果孩子的坏脾气已经形成，第一可以采取冷处理方式，在其发脾气时故意忽视不理，让他慢慢冷静下来。第二可以选择适当的方式让他发泄出来。如通过交谈帮助他把怒气宣泄出来，或者让孩子去跑步，或去大声地唱卡拉 OK 等等。

孩子的喜怒哀乐等情绪体验是毫无掩饰的，他们敢爱、敢恨、敢说、敢笑，这是孩子心理的一种优势，一种使得孩子能及时宣泄各种情绪能量的优势，他们自然流露这些情绪并不是什么可耻的事情，只要不扰乱别人的正常学习和生活，不伤及别人，就没有什么对和错之分。并且父母要鼓励孩子这样做。父母只有细心地观察孩子，理解孩子，允许孩子自由地表现，在理解的基础上进行引导，才能保证孩子的健康成长。

二、认真正确对待孩子的“出格”行为

现在孩子们的生存、成长环境，无论是家庭还是社会，都和父母小时候不一样了。他们接触社会、接触新事物更早、更广泛，他们面对的世界更精彩。这就更容易增强好奇心，容易突发奇想。有意无意地做一些出格的事。

针对这种情况，国内教育专家们指出：面对孩子的诸多出格行为，如果父母简单地看成越轨、破坏纪律而加以批评和限制，可能就会把一些孩子的主动性和创造性扼杀在框框里。

反之，如果父母能够正确地对待孩子的“出格”行为，对他们加以正确的引导，调动他们的主动性和创造性，培养他们的创造精神和战胜困难挫折的勇气，那么在"出格"的孩子们中间一定会出现更多人才。

一名美术老师曾给孩子们设计过一个课题：让孩子们画自己的故事绘本。老师先给孩子们讲了一个关于鸭子的故事，然后又讲了鸭子的特点，分析了怎样画鸭子，然后给他们四折的长纸，让孩子们发挥想象，自己编绘关于鸭子的故事，孩子们很兴奋，互相说笑着开始了他们的创作。

六岁的伊雪想了好长时间才开始动笔，一出手却只画了半只鸭子！陪孩子画画的父母们看见一张大纸上只画了半只鸭子，都觉得不可思议，开始七嘴八舌的议论起来："怎么只画个鸭屁股呀？这孩子怎么乱画呢？好好一张纸不画，画到边边上干什么？……"伊雪妈妈也说："你看人家画得多好！你看你！""哪有画半只鸭子的呢？怎么能画得这么不完整？都到纸外面去了？把纸翻过去重画吧！"

老师赶紧过去看了看，说："让孩子画完，不要着急！孩子一定有她自己的想法！"

果然，伊雪下笔后，似乎胸有成竹，很快完成了那幅画。老师让她给大家讲讲画的内容，伊雪简单地讲了一下她画的故事："鸭妈妈和鸭孩子出去玩，走散了，小鸭去问青蛙妈妈：你好！你看到我的妈妈了吗？青蛙妈妈没看到；小鸭又问乌龟姐姐：你好！你看到我的妈妈了吗？乌龟姐姐也说没看到！最后小鸭终于找到了自己的妈妈，原来，妈妈去找妹妹了！妈妈带着小鸭和妹妹一起去了游乐场！"

这时，大家才明白，原来那画面上的半只鸭子，是跟着妈妈的小鸭子。妈妈和妹妹已经走出画面了，而小鸭子才走出去一半。

看着画面，老师为孩子的创意感到欣喜。伊雪的妈妈也感到震惊。

对于一个六岁的孩子来说，做的事情虽然出乎父母的意料，可是这样丰富的想象力，是多么的宝贵啊。

强烈的"出格"思想对孩子的成长是有害的，但孩子的"出格"思想也有其不可忽视的积极因素。认识到了这一点，有助于正确对待孩子的"出格"，因势利导地教育孩子。

教育专家指出"出格"对于孩子的成长有如下几方面的积极作用：

1. 有利于孩子独立性的发展

孩子的"出格"大多发生在青春期。青春期的孩子处在生理发育的高峰期，这一阶段也是心理发展的巨变时期。这个时期是由孩子向成人过渡的心理"断乳期"，他们不再像儿时那样依恋父母，也不再把父母看作是"至高无上"的"权威"。这样的心理素质，如果能悉心保护，正确引导，有利于其独立创造性的发展。

2. 有利于孩子情绪的调节

孩子处于发育的过渡时期，其中枢神经系统活动的基本过程，一般是兴奋过程强于抑制过程。有"出格"思想的孩子，是不会让情绪长期滞留在心中的，发泄后情绪会得到调节，对孩子心理健康是十分有益的。

3. 有利于培养孩子的求异思维

孩子的"出格"思想，有时是针对传统思想的束缚而产生的。传统观念认为是这样的，而具有"出格"思想的孩子偏偏认为是那样的。虽然有时可能"钻牛角尖"或失之偏颇，但更多的时候，却是他们求异思维的表现，他们在试图独辟蹊径，从其他角度来观察和分析问题。

4. 有利于孩子形成开拓的个性

孩子产生"出格"思想，实质上是他们心理上对于常规的"突破"。当他们心理上一进入"突破"阶段，表现出来的，就不再是过去的听话、顺从，而是勇敢和冒险。现代社会充满着竞争，从小培养孩子好胜、敢闯的心理素质，有利于形成开拓、进取的个性。

所以，一个合格的父母应该能够正确认识和对待孩子的"出格"，并积极引导孩子，使其朝着富有建设性的健康方向发展。

父母应该如何正确对待孩子的"离经叛道"行为呢？教育专家为广大父母们提供了如下对策。

（1）正确理解孩子的"出格"

父母要知道孩子的一些"出格"行为，其实是对于自己生理心理成熟的一种尝试性反应。绝大多数并非父母所想象的那样，孩子真的学坏了，而只是孩子个体成熟的心理反映而已。

（2）正确应对孩子的"出格"

父母发现孩子的"出格"行为时，的确需要表明态度，但是，方式方法非常重要。应该给孩子一个平等对话的机会，避免因为简单粗暴而伤害了孩子的感情，甚至激发孩子的逆反心理，推动孩子走向父母希望的反面。

建议父母在这个时候，可以采取"主动式聆听"，最好由父亲来处理儿子的问题，母亲来处理女儿的问题，这样的共同语言会多得多。父母可以坐在孩子身边，主动和孩子聊聊这方面的问题，可以告诉孩子自己在这方面的一些经验和体会。

三、重视孩子的努力

在一个学校里，通常有两种学生是最受老师喜爱的：一种是非常聪明又非常努力，又从来不因此而骄傲自满的；还有一种是不算聪明却非常努力，从来都不为自己的不聪明而自卑的。由此可见，努力的孩子到哪里都是受欢迎的。

作为父母，应该赏识孩子的勤奋和努力，对他们的努力给予最热情的支持和鼓励。不要因为自己孩子的不聪明而气馁，而应该为孩子的不努力而担心。很多情况下，父母应该故意淡忘孩子的聪明，而重视孩子的努力，并把这种理念传递给孩子，让他们感觉到只有努力才能获得父母的认可和夸奖，进而逐步明白一个道理：聪明往往只能决定一时的成败，而努力则决定了一世的命运。

　　有时候，也许孩子所取得的结果是错误的，但是其间所付出的努力和收获却是值得肯定的。例如一道比较难的数学题，孩子通过冥思苦想，终于想出了计算方法。当他运算的时候，却因为马虎，算错了一个数字，最后导致整个题目的结果错了。这时，父母该怎么做？是训斥孩子算错了，还是表扬孩子找到了解题的方法？许多父母可能会首先想到前者，他们只看到孩子的结果做错了，而没有看到做事过程中孩子的努力与收获。所以，建议父母们，每当觉得孩子错了，想骂他、打他的时候，一定要学会去从另一面来"发现"孩子。

　　同时，也不要讳言孩子的失败。失败就是失败，怎么样也不能把失败说成成功，这是没有说服力的。同时，也不能把失败归因于客观因素，要让孩子直面自己的失败，这是人生中很重要的一课。而无论成功或失败，都比完全不做要好。完全不做就是个零，而只要去做了，哪怕只做到 0.01，也比 0 要大。启发孩子，不要想着那没有得到的 99.99，也要想那 0.01 究竟是什么。

　　父母不妨多与孩子讲讲成功人士失败的例子，历史故事也好，名人轶事也好，自己的亲身经历也好。总之，让孩子知道，失败是每天每时每地都在发生的，每个人也都会遇上的。这是人生的常态。而当孩子通过自己的努力做好了一件事情的时候，父母应该这样赏识和赞扬他："真是个努力的好孩子！"

　　晓晓小的时候学东西比别的孩子慢半拍，为此，他的父母曾非常担心，孩子以后会学习好吗？能跟上其他孩子的学习进度吗？晓晓上小学了，就当父母都认为晓晓不会有什么好成绩的时候，晓晓却带回了一张 100 分的试卷。这是一张数学测验的试卷，上面被老师画满了红色的钩钩。

　　"这是你的卷子吗？"妈妈有些不相信，她吃惊地问晓晓。

　　"当然是我的，不然还会是谁的啊！"晓晓自豪地对妈妈说。

"晓晓真不错，告诉妈妈你是怎么考出这么好的成绩的？"妈妈问道。

"老师讲课的时候我经常听不太懂，所以下课之后同学们都出去玩，我就把不懂的地方拿去问老师，老师再给我讲一遍，我就全懂了！做作业的时候如果有不会做的题，我就把老师讲的课再复习一遍，不会做的题也就会做了。所以考试的那些题目我都会做，就考了 100 分。"晓晓高兴地对妈妈说。

听了晓晓的话，妈妈更自豪了，虽然自己的孩子算不上聪明，却如此好学和努力。

赏识孩子的努力和勤奋，告诉孩子成功与失败并不是对立的，它们不过是一种比较，有时，成功只是比失败多了一点点，只要努力与勤奋，就是在不停地前进。就像本例中，晓晓的父母看到了孩子努力与勤奋，并由此为自己的孩子感到由衷地欣慰。那么，作为父母，怎样才能在赏识孩子的努力和勤奋中做得更好呢？

1. 为孩子设定"小目标"

不要认为赏识一定非要夸奖孩子，针对孩子的实际情况，为孩子设定一个"够得着"的小目标，这本身就是一种有效的赏识，而且这种情况下的赏识不会产生"副作用"。

设定一个合适的目标。"跳一跳，够得着"是很好的形容。如果孩子不需要"跳"起来就够得着，那就失去了目标的意义。但如果"跳"起来也够不着，那就不能让孩子获得成功和自信，反而可能让孩子感觉沮丧。

这个目标如何设定，第一，父母应该对孩子的能力和现实条件有一个正确认识，切忌急于求成；第二，在目标设定时应该和孩子一起决定，这样不仅能听取孩子的意见，也能让孩子更有积极性；第三，如果父母对孩子的情况把握不准，最好与孩子的老师商量。

2. 在小目标达成后给予适当奖励

奖励最好是非物质的。比如，在晚餐时，给孩子的座位放一个好看的垫子，让孩子在晚饭前"致辞",全家人表示庆贺。或者让孩子选择一件他自己喜欢做的事,看电影,打电脑游戏,或者去肯德基吃饭。

3. 强化孩子的目标意识

让目标在孩子心中扎根。比如可以把目标写在悬挂的黑板上,或者用彩色纸写了贴在墙上。如果目标有一定的时间限度,那么再给孩子一本"目标日历",目标应该完成的那一天被显著地标明。

4. 不要过分强调孩子的潜能

强调孩子"一定能行",这种办法对一部分孩子管用,而对另一些天性比较胆怯的孩子来说,可能反而增加了心理负担。

5. 在孩子犹豫迟疑时给予支持和鼓励

赏识最发挥作用的时候,应该是孩子想"跳"又有点怕的时候。这时,"赏识"就是一只有力的手,在孩子后面用力推一把,孩子就可能"跳"上去了。

6. 赏识孩子的失败

赏识孩子的努力和勤奋是一种重要的激励孩子的手段,它之所以有效,一个重要的心理前提是每个孩子都希望讨父母欢喜,每个孩子都信任父母的权威。也有父母不禁要问,孩子失败的时候也要赏识吗?当然要。

有些父母可能不解。其实,孩子失败的时候可能更需要这件武器。如果这时不"赏识"孩子,孩子可能得到的不仅是失败,而且还有失败留给他的沮丧心情,这可比失败本身可怕多了。而有了这件武器,孩子就能从失败中得到一些可贵的东西。

四、夸奖孩子并不是一件易事

日本教育学家研究表明，孩子经常受到父母夸奖和很少受到父母夸奖的，其成才率前者比后者高五倍。其实，中国伟大的教育学家陶行知先生，早在半个世纪前就深刻指出：教育孩子的全部秘密在于相信孩子和解放孩子。而相信孩子、解放孩子，首先就要学会及时夸奖孩子。没有夸奖就没有教育。

每个人天生都会有被肯定被夸奖的需要，孩子更是这样。当孩子乐颠颠地把刚画好的一幅画捧到你面前时，当孩子兴冲冲把在学校里得到的红花放在你手心时，当孩子扶起了不慎摔倒在地的小伙伴时，当孩子讲完一个故事，叠好一件衣服时，他的眼睛往往会望着你，眼里充满着期待，他在期待你的夸奖。

可惜的是，有些父母，也许是因为怕夸奖多了会让孩子产生骄傲的心理，也许是没有意识到夸奖的妙处，以为孩子的良好行为是理所当然的。因而，总是不肯对孩子进行夸奖。其实，孩子的良好行为只有在得到不断夸奖时，才会不断重复，最终形成习惯。如果得不到及时的夸奖，孩子的心里就不会增加印象，这种良好的行为也就会慢慢停止。

作为父母，要时刻关注孩子的每一点细微的进步，每一个小小的闪光点，都要及时夸奖和鼓励，让孩子在夸奖中产生成就感和自豪感，从而促使孩子不断进步。

巍巍从小时候起，妈妈就很注意夸奖他，在夸奖的过程中，妈妈发现了一个很有趣的现象：如果今天夸他乖，吃饭表现好，他明天吃饭时会表现得更好；如果今天夸他嘴乖，会叫人，明天他会更注重礼貌；如果今天夸他小手帕洗得干净，明天他的小手帕会洗得更加干净；如果今天夸他的儿歌唱得好，明天他唱儿歌时会更加来劲……

夸奖还培养了孩子的独立自主能力。从四年级起，巍巍开始帮妈妈做一些力所能及的家务活儿。比如拖地板、擦桌椅、做饭等等，刚开始，他做得很不顺手，把地板擦得像个大花脸，把饭做得半生不熟，但妈妈并没有责骂他，而是不断地鼓励他，委婉地教给他改进的方法，因为有表扬在先，他也就很乐意接受改进意见，渐渐地，擦桌椅，做饭就成了他每日必做的功课。

巍巍上学时，一度成绩不大理想，期末考试甚至数学要补考。但妈妈从不责怪他"笨"，而是耐心地帮他分析原因，不失时机地鼓励他、夸奖他。他最怕做应用题，刚学会做时，六道应用题仅能做对两道，然而妈妈却大声夸奖他："不简单，这么难的应用题你都会做！妈妈小时候还没有你聪明哩！"

巍巍刚上小学，妈妈开始教他自己看书，刚开始他根据拼音，一个字一个字边拼边读，很是费力，一度想放弃，妈妈没有生气，而是不停地鼓励他、夸奖他。巍巍好不容易把一本故事书啃了下来，妈妈不失时机地夸他："真不简单，刚上一年级就学会自己看书了。"在妈妈的及时鼓励下，巍巍看书的劲头更足了，阅读的兴趣与习惯不知不觉就养成了。到了三年级，他已经能捧着名著读得津津有味了。

因为喜欢看书，巍巍的作文水平也很不错，作文经常被老师当成范文在班上朗读，巍巍写作的自信心更足了，竟然对妈妈说他想向报社投稿。虽然妈妈觉得巍巍的作文水平离发表还有一定的距离，但妈妈没有取笑、打击他，而是鼓励、表扬他，然后告诉他，要投稿可以，但必须要认真修改才行。巍巍满怀信心地和妈妈一起对那篇文章进行了修改，最后那篇文章真的发表在一家晚报上，那是他的处女作。

本案例中，在妈妈的及时夸奖教育中，巍巍强烈的自信心被培养起来，学习成绩也逐步提高。这充分证明了夸奖孩子的效果和力量。

夸奖对孩子的成长起着非常重要的作用，经常夸奖孩子，好处实在多多。学会夸奖孩子也并不难，关键是父母有没有这种意识，能不能认识到它的重要性。夸奖是一种激励。激励比批评和强迫的效果要见效得多。但夸奖孩子并不是一件易事，夸奖孩子要讲究艺术。

1. 首先要夸得准

所夸的事实要准确，不夸大、不缩小。如果夸得不准，孩子就会产生疑问，起不到激励的作用。如果夸错了，孩子就会把错的当成对的，会产生严重的副作用。孩子会把错的当对的，以后你想改过来都很难，因为他心目中的是非标准因你的错夸而混淆了。要正确夸奖孩子，就必须要多陪陪孩子，多关注孩子，只有熟悉了解了自己的孩子，才能给孩子及时、必要、准确的夸奖。

2. 要夸得真、要夸得及时

只有真心、真情地夸奖，孩子才能给予积极反应。如果父母心不在焉，敷衍了事，孩子往往感到父母是在骗他。当孩子做了好事或有了进步，最好当时就给予夸奖和鼓励，这样孩子的荣誉感和成就感就会及时得到最大的满足，把后面的事情做得更好。

3. 要夸得具体

对于孩子来说，夸奖不能太笼统、模糊，不能简单地用"你真是一个好孩子"、"你真棒"这样的一般赞语，而应对孩子的优点和进步的具体细节给予肯定，使孩子明白"好"在哪里。

4. 注意夸奖的方式

夸奖的方式也多种多样，小到一次拥抱、一颗糖果，大到一件玩具、一次旅游。父母可视孩子年龄的大小和具体行为来选择，孩子一般不会太在乎奖励的多少而更在乎你有没有奖励。夸奖孩子时，还要注意让孩子明白他因为什么事而得到夸奖，太随意的夸奖起不到良好的效果。

5. 不妨经常夸

孩子的成长不是一朝一夕的事情，一个优点和一个好的习惯的形成需要一个很长过程。夸奖孩子也不能偶尔为之，浅尝辄止。要时常关注孩子的行为举止，经常夸奖孩子的进步。日积月累，孩子的进步自然就会越来越多，越来越巩固。

总之，夸奖会让孩子养成良好的习惯，有利于培养孩子各方面的能力，作为父母，要时刻关注孩子，要及时夸奖和鼓励孩子，从而促使孩子不断进步。

第三章
帮助孩子获得自我价值感

一、要时刻赏识你的孩子

赏识就是认识到别人的才能或价值而予以重视、肯定或赞扬。人生最大的快乐，莫过于自己的才能或价值被重视或赞扬，人生最大的痛苦，莫过于自己的才能或价值被埋没。所以，人人都应该学会赏识，人性最深层的需求就是渴望别人的欣赏。赏识从本质上说就是一种激励。相关教育专家发现，一个没有受过激励的人仅能发挥其能力的 20%~30%，而当他受过激励后，其能力是激励前的 3~4 倍。

对于孩子来讲，更是如此！"赏识"可以帮助孩子建立自信，找到自我教育的能力。赏识孩子是对孩子取得成功的最佳激励方式，赏识孩子能不断地给予孩子进取的动力。因而在孩子的成长程中，激励和赏识的存在，至关重要，任何孩子都需要不断地激励和赏识。因此，家长朋友们，如果你真想让自己的孩子成为英才！那么请学会赏识你的孩子。

美国伟大的成功学家拿破仑·希尔小时候被认为是一个坏孩子，家人和邻居甚至认为他是一个应该下地狱的人。无论何时出了什么事，诸如牧场的母牛被放跑了，堤坝裂了，或者一棵树神秘地倒了，人人都会怀疑"这是小拿破仑·希尔干的"。

在这种情况下，拿破仑·希尔破罐子破摔，一心想表现得比别人形容的更坏。他的母亲去世后，一位新母亲走进了他的家庭。继母发现了拿破仑·希尔人性中的优点，赏识和鼓励拿破仑·希尔，使他改正自己的缺点，并发奋学习。变成了一个全新的拿破仑·希尔。

拿破仑·希尔在他的著作《人人都能成功》中这样形容继母对他的影响：

这个陌生的女人第一次走进我们家的那天，我父亲站在她身后，让她独自应付这个场面。她走进每一个房间，很高兴地问候我们每一个人，直到她走到我面前。我倚墙站着，双手交叠在胸前，凝视着她，眼中没有丝毫欢迎的神色。我的父亲说："这就是拿破仑·希尔，兄弟中最差劲的一个。"

我绝不会忘记我的继母是怎样回应他这句话的。她把双手放在我的双肩上，两眼中闪耀着光辉，凝视着我的眼，这使我意识到我将永远有一个亲爱的人。她说："这是最差的孩子吗？完全不是。他恰好是这些孩子中最伶俐的一个。而我们所要做的，无非是帮他把自己所具有的好品质发挥出来。"

一股暖流涌向我的心底。这一时刻是我生命历程的转折点。从那以后，我的继母总是鼓励我依靠自身的力量，制订大胆的计划，坚毅地前进。后来证明这些计划就是我事业的支柱。我绝不会忘记她教导过我的话："当你去鼓励别人的时候，你要使他们有信心。"

我的继母造就了我。因为她深厚的爱和不可动摇的信心激励着我，使我努力成为她相信我所能成为的那种孩子。

心理学家威廉·杰姆斯曾说过："人性最深层的需要就是渴望别人的赞赏，这是人类之所以区别于动物的地方。"赏识教育是家庭教育的重要环节。每个人都希望得到别人的肯定，孩子也不例外，也可以说孩子们是更加需要别人的赏识的。作为家长，作为孩子生命中最亲近的人，家长们就更要对自己的孩子加以赏识，家长们对孩子的赏识是尤为重要的。

被尊称为"教育史上的哥白尼"的捷克教育家夸美纽斯曾指出："应当像尊敬上帝一样地尊敬孩子。"人性之中最本质的需求就是渴望得到赏识。就精神生活而言，每个幼小生命仿佛都为了得到赏识而来到人间，谁也不是为了挨骂而活着。不要说未成年的小孩子，就是我们大人，谁都愿意和赏识自己的领导、赏识自己的同事一道工作，谁也不愿意和整天横挑鼻子竖挑眼、对这不满意看那不顺眼的人一起共事。

赏识孩子，就是要注重孩子的优点和长处，时刻都让孩子树立自信心。只有让他们自己感觉到"我能行"，在他们做事情的时候，才会有动力去认真地完成，才会敢于尝试。如果孩子不被自己的父母所赏识，那么，在他们的内心深处就会产生一定的消极情绪，甚至自暴自弃地沉沦下去。

赏识孩子，就要关爱孩子，给予孩子真正的爱，既要期盼和希望，又要关爱和支持。给孩子以赏识，对于孩子来说是至关重要的。孩子不仅仅需要家长的企盼和期望，他们更需要家长的理解与支持，能够在他们取得进步的时候鼓励他们；能够在他们失败的时候支持他们。家长对于孩子的希望往往是很大的，每个家长都不希望自己的孩子让他们失望，但是家长如果不想失望，那么最好的办法就是让你的孩子更优秀，而赏识你的孩子，则会让你的孩子更加自信，更加全面地发展，从而造就一个优秀的孩子。

因此，多赏识你的孩子，就像拿破仑·希尔的继母一样。即使全世界的人都抛弃了他，家长也应该始终如一地欣赏他、鼓励他，努力挖掘孩子身上的优点，帮助他们充分树立起自信，保持良好的心态和精神状态，让他们在自己的人生中稳步前进，继而一步步迈入成功的殿堂。

二、每个孩子都有优势智能

生活中很多家长总是把自己的孩子与别人的孩子作比较，甚至总是拿自己孩子的短处和别人孩子的长处进行比较，总觉得自己的孩子"这也不如别人，那也不如别人……"其实，这样做很容易伤害孩子的自尊心，影响孩子良好性格的形成，甚至很容易使孩子产生自暴自弃、偏激、攻击等行为。

美国心理学家加德纳提出的"多元智能理论"，认为每个孩子都不同程度地拥有八种智能，每个孩子的优势智能是不同的。也就是说，每个孩子学习方式的差异是由其优势智能决定。比如，有的孩子语言智能突出，有的孩子空间视觉智能突出，有的运动智能突出，所以我们要善于发现孩子的长处，通过鼓励、表扬、引导克服不足，尽力弥补他的短处。而不是整天打击他的自信。

正如一位享誉世界的教育家曾经说过的一句非常有哲理的话——"好孩子是夸出来的。"所以，当你年幼的孩子有点滴进步甚至没有进步的时候，作为家长的你一定不要忘记夸奖他，这样会让孩子获得成就感，帮助孩子增强自信心，甚至会给你带来意想不到的惊喜。

有一个故事是这样的：

有一位妈妈在厨房洗碗，听孩子在后院蹦蹦跳跳玩耍的声音，便对他喊："你在干吗？"

孩子回答："我要跳到月球上去。"

听到孩子的异想天开之语，这位妈妈没有泼冷水，没有任何的批评，而是微笑地对孩子说："说得好！真是个聪明的孩子，但是不要忘记回来喔！"

这个孩子后来成了人类第一位登陆月球的人，他就是阿姆斯特朗。当阿姆斯特朗日后回忆起自己的成长经历时，仍然深有感触地说："我所有的成功都源于母亲对我的鼓励和夸奖。"

这就是夸奖的力量。爱默生说："有很多天资很好，很有希望成功的人，只因为没有得到及时有力的夸奖和鼓励，最后走向彻底的失败。"这句话值得我们深思。当然，并不是所有的孩子都能成为登上月球的阿姆斯特朗。但是即使最普通的孩子，也需要夸奖和表扬。要记住，得到夸奖和表扬的孩子会用令人吃惊的"优秀"来回报你。

有一个孩子，性情活泼，整天快快乐乐，做事主动，学习成绩名列前茅，非常讨人喜欢。很多做父母的都希望自己的孩子能这样，于是纷纷到孩子的父母那里去取"教子经"——"你到底是怎么把孩子教育成这样子的？"

"赞美或者夸奖你的孩子！"——很多人都没想到这位父亲的回答如此简单。但是，这位父亲的教子经验就是这样的。只要他发现孩子有哪方面做得好，就会恰当地给予夸奖，他用夸奖的方式肯定孩子的进步和良好的行为，所以孩子很信服和配合他，并且在生活学习中更加自觉、更加努力。

夸奖的力量是无穷的，尤其是当我们巧妙地把它应用于我们孩子的身上时，夸奖会成就优秀，会造就英才！因为适宜的夸奖或是适当夸大的夸奖能产生多方面的教育效果。这是很多父母始料不及的。日本一位儿童教育学家的一项研究曾引起许多教育人士的关注，研究表明，孩子经常受到家长夸奖和很少受到家长夸奖的，其成才率前者比后者高 5 倍。由此可见，学会夸奖自己的孩子，是每个父母必须学会的教育方式。

具体来讲，夸奖孩子至少有以下几大好处：

1. 可以增强孩子对父母的信任感

经常奚落或责备孩子的父母很难赢得孩子的信任。父母对孩子的言行作出正确的评价，并经常予以夸奖，家庭里会产生一种新的气氛，有助于父母与孩子之间建立积极的关系，使彼此之间更接近，并产生信任感，孩子的积极性也会提高。因此在某种程度上，你对孩子的夸奖，说明了你对他的尊重与爱护，这会让孩子如坐春风！

2. 有利于培养孩子良好的行为习惯和道德品质

孩子道德品质形成的最初阶段，是非观念模糊、自制力差。因此成人的引导、奖励与夸奖至关重要。夸奖孩子，能激发他正确的外在动机，产生好的行为，并能强化孩子所完成的这一行为，以后当他碰到类似事情时，便知道该怎么去做，并逐步形成良好的行为习惯和心理定式。

3. 能给孩子他所需要的价值感、信任感和自信心

成人对孩子小小的成功表示夸奖，可以强化孩子获得成功的情绪体验，满足其成就欲，并能使孩子自我感觉良好，激发他继续尝试的兴趣和探索的热情，使其努力维持这种夸奖或希望再度获此"殊荣"。

因此，夸奖的力量是神奇的！好孩子都是夸出来的。在孩子面前，请不要吝惜你的夸奖，你的孩子需要夸奖。

三、捕捉孩子的"闪光点"

每天注意发现孩子的闪光点并及时地给予表扬和鼓励，是每个家长的天职。

一位心理学家曾到一所中学做调查，他让学生每人说出自己的优点。想不到谁也说不出来。为什么会这样呢？心理学家找同学个别了解，得知他们父母平常说的话尽是："你怎么这么笨？""连这个都不会？""你看人家某某"，久而久之，孩子也就想不到自己还有什么优点了。

其实，希望得到别人的赞扬和认同是人的天性。心理学家对儿童所做的心理测验表明，当一个疲惫的孩子受到赞扬时，他会产生一种明显的新的向上的力量。相反，当孩子得不到赞赏或受到批评时，他现有的体力也会戏剧性地减退。

教育家赫洛克曾把106名四、五年级的学生分成4个等组，在不同的诱因下，进行加法练习，每天15分钟，共进行5天。

第一组为受表扬组，每次练习后给予表扬和鼓励；

第二组为受训斥组，每次练习后，严加训斥；

第三组为观察组，每次练习后，既不给予表扬，也不给予批评，完全不注意他们，只让其静听其他两组受表扬和挨批评；

第四组为控制组，让他们与另外三组相隔离，单独练习，不予任何评价。

结果，赫洛克发现，就学习的平均成绩来看，前三个实验组的成绩均优于控制组，受表扬组与受训斥组的成绩又明显优于观察组，而受表扬组的成绩不断上升。

这表明，适当表扬的效果明显优于批评。从这个小实验，我们应该得到这样的启示：对孩子赏识，孩子会用优异的表现来回报你的赏识。所以我们应该友善地对待每一个孩子，尝试着去宽恕他们的失误、去了解他们的努力，保护孩子的自尊心和自信心。因为赏识和关爱是孩子进步的基础。

世上没有一无是处的孩子，只有不愿鼓励和不善鼓励的家长。作为家长，不要把孩子贬得一无是处，相反地应该耐心引导孩子，满怀信心地鼓励孩子的每一次进步，只有这样，孩子才会不断提高和发展。心理学研究表明：表扬激励对孩子产生的动力要比平常高出 3~4 倍。每个孩子都需要表扬和激励。年龄越小的孩子越是如此，家长的一句表扬会令他乐上半天。相反，家长一句批评的话语，也会让他伤心半天。

那么，家长应该如何表扬或者夸奖自己的孩子呢？其中有很多学问。相关教育专家认为，家长在夸奖或者表扬自己孩子的时候一定要注意以下几点。

1. 要趁热打铁，表扬孩子要及时

每个人都希望获得别人的认同，孩子更是如此，尤其是来自父母的肯定。例如孩子通过自己的努力，在学习或者比赛中取得好成绩，这是多么值得父母赏识的事情！这时候，父母应该为孩子感到高兴，应该及时给予热情的赏识和赞扬。因为，及时赏识和赞扬孩子，比事后再给予赞扬所起到的作用要大得多。因为，适时对孩子的成绩给予积极评价，告诉孩子你因他的成绩而自豪，这将是对孩子极大的鼓舞，可以促使孩子乘势而上，取得更优异的成绩。因此，当孩子达到了某个既定目标，父母一定要把握机会，及时由衷地赞扬孩子；同时表现出你的喜悦心情，让孩子感受到是他的良好行为表现使父母感到高兴。这是简单而又能产生显著效果的一招，只要坚持去做，必有喜人的收获。

2. 夸孩子"努力"而不是聪明

孩子的自信心是由于征服了一些困难才产生的，并不是被夸作聪明而支撑起来的。总是夸奖孩子聪明的另一个缺陷是，随着时间的推移，孩子会开始把好的结果与自己脑子聪明画等号，如果他把一件事情完成得很好，会认为这仅仅是因为自己的聪明罢了。一旦他遇到了挫折，也很可能就此断定"我并不聪明"，随后逐渐失去学习的兴趣。相反，当家长夸奖孩子很努力而不是很聪明的时候，意味着你在鼓励他继续努力学习，遇到挑战和挫折的时候要迎难而上，即使结果并不是所期望的，他也会明白，这是因为自己不够努力。因此，父母应该积极引导孩子关注完成任务的过程，赞赏他为取得成功而付出的努力，称赞他所使用的方法和策略，将赞美的重点放在"努力"而不是"聪明"上。

3. 夸孩子，要夸具体不夸全部

夸奖孩子时，家长已经习惯于对着孩子说出"真棒""真好"这样的评价。其实总是笼统地表扬孩子，会让孩子无所适从。表扬的目的是让孩子明白哪些行为是好的，以增强孩子的好行为，所以表扬最重要的原则就是：要针对孩子对某一件事付出的努力，取得的效果，而不要针对孩子的性格和本人。这样，孩子就会明白这种行为是好的，以后还要这样做，逐渐形成良好的生活习惯。但如果只是一些泛泛地表扬，如"你真聪明""你真棒"虽然暂时能提高孩子的自信心，但孩子不明白自己好在哪里，为什么受表扬，且容易养成骄傲、听不得半点批评的坏习惯。也就是说，家长在表扬孩子的时候要有针对性。为达到激励孩子的目的，真正做到"夸具体"。有针对性的具体表扬会让孩子更容易理解，并且知道今后应该怎么做，如何努力。

4. 表扬孩子要真诚要发自内心

真诚的表扬应从以下几方面予以注意：（1）表扬时语言要具体，用词要适当，不宜夸大或缩小。（2）表扬时语气要诚恳，态度要诚挚。最好能停下所有的事情，认真地盯着孩子的眼睛讲这些话。（3）表扬的同时可以提出努力的方向，但不宜明确指出孩子的不足。表扬是一种肯定，无论这种肯定是对人还是对事，都可以满足孩子自尊和情感的需要，如果在表扬之后，紧接着就指出孩子的不足，必然会使孩子觉得家长的表扬只是一种口头的敷衍，而真正的目的只是要指出他们的错误，本质上是对他们的一种否定，从而激起孩子的反感。最好的方式应是在肯定孩子的同时，委婉地道出自己的要求，这种要求通常会用"如果……就会更好""如果……就会更喜欢"之类的句型，这种委婉的表达，孩子们一般都会乐意接受。当然，如果感觉孩子的某方面问题确实需要明确指出，那最好要等孩子的兴奋之情平复之后，单独和孩子认真地谈，效果应该会更好。

四、顽皮的孩子更需要激励

每一个成功的人，他的成功是怎么来的？这个问题值得我们深思！尽管它的答案并不复杂：成功来自积累。巨大的成功来自每一个小小的成功，伟大的进步来自每一个微小的进步。所以，作为家长，要把孩子的每一个小小的进步看在眼里，给出适当的鼓励。

俗话说："良言一句三冬暖"。喜欢被表扬是孩子的显著心理特点，而且被表扬之后，下次犯错误的概率会相应减少。著名教育家魏书生曾经说过："在犯错误的学生面前，困难的不是批评，不是指责，而是找出他的长处；只有找到了长处，才算找到错误的克星，才能帮他找到战胜错误的信心。"那么，家长们，你们是否知道，孩子什么时候最需要表扬？只是取得光彩夺目、显而易见的成绩的时候吗？我们想告诉你，孩子那些萌芽状态的优点，最需要你去扶持、去肯定、去赞美！例如当孩子偶尔有一天早早起床，跟你一起锻炼身体的时候；当孩子第一次把心爱的食品留给你，与你分享的时候；当孩子学着收拾屋子，把东西摆得井然有序的时候，你是怎样做的呢？是高兴、赞扬，还是漠然置之？

细心的家长们，请留心你的孩子们吧，孩子们的心灵是最单纯、也是最执着的。当孩子在某一方面有了良好的开端，当孩子取得了每一个微小的进步，请不要吝啬，真诚地赞美他们吧！这将影响孩子的一生，使他们终身受益。

期末考试的成绩下来了，赵军只考了第二十名，而他的同桌考了第一名。

回到家，他问妈妈："我是不是比别人笨？我觉得我和同桌一样听老师的话，一样认真地做作业，可是，为什么我考第二十名，而她考第一名？"

妈妈抚摸着赵军的头，温柔地说："你已经比以前进步了，以后会越来越好的。"

第二学期的期末考试，赵军考了第十五名，而他的同桌还是第一名。赵军还是想不通，又向妈妈问了同样的问题："我是不是比别人笨？我觉得我和同桌一样听老师的话，一样认真地做作业，可是，为什么我考第十五名，而她考第一名？"妈妈还是说："你比上学期又进步了，以后会越来越好的！"

赵军小学毕业了，虽然他还是没有赶上他的同桌，但他的成绩一直在提高，已经进入前十名了。

在接下来的日子里，赵军仍旧努力学习，进步虽然很慢，但一直在进步。他的妈妈也一直鼓励他："你比上学期又进步了，以后会越来越好的！"

初中的时候，赵军的成绩已经名列前茅了。到了高中，他成了全校著名的尖子生，最后以全校第一名的成绩考入了北京大学。

赵军的进步是很小，但是他毕竟进步了，赵军的妈妈把孩子的一点点进步都看在了眼里，并及时给予表扬和肯定，致使赵军最后取得了大成功。

萌芽状态的优点，虽然往往引不起人们注意，甚至连孩子们自己也只是无意识的。然而这些优点可以生长、发育，可以开花结果。当然这些优点也像小苗一样，很难经得住风吹雨打，如果得不到阳光和雨露，就很可能枯萎。所以家长们不要无视孩子的进步，不要因为孩子进步太小而没有达到家长心中的标准就把孩子全盘否定，认为孩子是无能的，这无疑是对孩子的一种伤害。虽然家长有时候也是无意的，但也许就在无意中，家长们就会亲手毁掉了一个优秀的孩子。

家长应该重视孩子的进步，在孩子看来，自己取得一点点进步，都是自己努力的结果，如果这时候的孩子得到了家长的赏识和鼓励，那么他们的积极性无疑会大大地增加。可是，大多数家长不会站在孩子的角度看问题，总是用大人的标准来要求孩子，总认为如果取得一点小小的进步就给予表扬，孩子就会骄傲的。但是，孩子毕竟是孩子，他们还很小，有时候没有办法达到家长的要求，这就好比明明是一辆汽车，却偏偏让它跑出飞机的速度来，与自己的期望越来越远。这样一来，孩子就失去了前进的动力。

再者，能否发现并赏识孩子的进步，会影响到孩子学习和做事的效果，还会影响到孩子对学习和做事的态度，也会对孩子的性格产生影响。对孩子的进步不给予肯定、不赞扬甚至否定了孩子的进步，那么孩子的态度肯定会受到打击，认为自己即使努力了也不会被家长认可，很可能会产生自暴自弃的想法，这是很危险的。

因此，当孩子在学习或者生活中取得进步，哪怕是很小的进步。作为家长，都应该真诚地夸奖孩子，对孩子说："孩子，你比昨天进步多了，继续努力，明天还会比今天更好的。"当孩子得到家长的赞同和鼓励的时候，他们往往会继续坚持和努力，每天都会有一些变化，虽然只是一些细微的改变，那么孩子的自信心就会越来越强，也就会越来越往好的方面发展了。

五、好孩子是夸出来的

在别人面前夸奖自己的孩子？很多家长一看这个标题，肯定会表现出怀疑的态度："不行！这可不是我的作风！我的孩子，那么差！还在表人面前表扬他？再说了，现在的孩子取得一点小小的成绩就心高气傲的，再表扬表扬就不知道成什么样子了！要是在别人面前表扬，他还不飞到天上去！"

其实，在我们身边有这样想法的家长并不在少数！他们总是认为，在人前表扬孩子很容易造成孩子爱虚荣、骄傲自满的倾向；一些被当众夸惯了的孩子，有一点好的表现，没被注意到，就会感到委屈，甚至有的孩子为了夸奖而弄虚作假，这样对孩子的成长非常不利。所以他们不喜欢在别人面前表扬孩子，但却喜欢在别人面前数落自己孩子的"缺点"。那么他们的这种教育方式的效果到底怎么样呢？

文文的妈妈带着女儿文文和她的小伙伴在小区里玩耍。文文和她的小伙伴在玩耍的过程中玩起了拍皮球的游戏，两个人还比赛起来。对于这个游戏，由于文文平时练得较少，对拍球比较生疏。

大家正玩得高兴时，谁知拍得较少的文文把球一扔，不高兴了。文文的妈妈连忙上前告诉她："不行应该多练啊，怎么说不玩就不玩了呢？"然而文文却赌气了，就是不继续玩下去了。

回家后，文文的妈妈问女儿："你为什么不玩了，告诉妈妈。"

文文说："你一直说别人拍得好，说我拍得不好。我玩什么劲啊？"

文文的妈妈这才恍然大悟：原来令文文不高兴的不是她自己拍得不好，而是我一直在表扬别人，没有表扬她的缘故啊。

事例中文文的妈妈一味地表扬别的孩子，却无意伤了自己女儿的心。相信这样的父母在我们身边还有很多。其实，每个孩子都有自尊心，作为父母，应该清楚地认识到这一点。尤其在别人面前，孩子的自尊心更加强烈，当着别人的面批评和训斥孩子，将会大大地伤害孩子的自尊。再说，孩子的大脑还处在混沌天真的状态，大人的一言一行将影响孩子的一切。当你漫不经心或火冒三丈地说孩子"笨"的时候，就是让孩子形成一种概念：我是天下最笨的孩子。孩子一次次地接受大人苛责，也就等于一次次地接受对自己的否定：我什么也比不上别的孩子。所以，作为父母要学会表扬孩子，更要学会在别人面前表扬自己的孩子，这样才能增加孩子的自信！

一次，军军的爸爸请几位朋友来家里吃饭，餐桌上，几个人开始谈论起各家的儿女，可是他们都是在夸奖别人的孩子，却没有一个夸奖自己的孩子。

这时，军军的爸爸非常兴奋地说："你们都别互相吹捧了，我还就觉得我们家军军好，我这儿子既聪明又听话，还特别关心别人。前几天，我干活累了，他还帮我捶肩揉背呢。儿子的小手捶在我的肩膀上，别提有多舒服了！"

说这话的时候，军军爸爸的几个朋友都用羡慕的眼神看着他，其中有一个朋友说："军军真是个好孩子，我们真羡慕你！"

"其实你们的孩子也都很好，只是你们光挑他们的毛病，却忽略了孩子的优点。"军军的爸爸对朋友们说。

军军在自己的房间里听到了爸爸和朋友们的谈话，心里高兴极了，他决心以后更加努力学习，不辜负爸爸对自己的赞赏！

俗话说："数子十过，不如奖子一功"，"赞扬如阳光，批评如利剑"。作为家长，不应该吝啬自己对孩子的溢美之词，只要有助于培养孩子良好的习惯，增强自信心，父母就要慷慨地给予表扬，当着众人又何妨？在很多情况下，表扬和鼓励是改善家长与孩子之间关系的最重要技巧之一。这一技巧的运用可以帮助孩子建立自信和自尊，使之成为能正视现实、克服困难，而不是追求完美主义的人。

尤其是在他人前表扬孩子，不仅能增强孩子的自信心，更能增加孩子对家长的信赖感。

所以，我们应该把对孩子的赏识扩展到别人的面前，要善于当着别人的面赏识和尊重自己的孩子，让孩子充分感觉到你对他的重视和欣赏，从而激励孩子产生无穷的力量和信心。例如，当跟别人说起自己的孩子时，不管孩子是否在场，都要怀着赏识和尊重的心态去谈论他，应该说："我的孩子很棒，我很喜欢他！"再例如你可以经常把孩子的成绩和作品拿到别人面前欣赏，通过自己和别人对孩子的赏识和夸奖，激发孩子的上进心，你可以说："看我儿子又评上三好学生了！""看我女儿的画多漂亮！"

当然，夸奖并不是没有限制的，在别人面前赏识自己的孩子时，家长们要注意以下几点：

第一，赏识孩子的态度必须是认真和真诚的。不能因为炫耀自己或者敷衍别人而故意吹嘘，夸大孩子的优点。

第二，必须有根有据。要根据孩子平时的表现来赏识孩子，不能因为赏识而赏识，凭空捏造事实，让孩子感觉你在作假。

第三，要适可而止。不要说起来没完，让孩子感觉不自在。要知道，赏识的话并不是越多越好，有时候说得多了反而无益。

六、不要让孩子受"表扬"的伤

面对孩子要带着赏识的心态，善于发现孩子的优点和长处，敢于夸奖孩子，让孩子在赞美声中长大——这种"赏识教育"的理念，现在已经被越来越多的家长所接受了。然而，在运用赏识教育的同时，家长们还要注意，俗话说："物极必反""过犹不及"，"赏识教育"确实好处多多，但家长们不应该从一个极端走向另一个极端，把对孩子的赞美天天、时时挂在嘴边。否则的话，孩子也很容易受了"赏识教育"的伤、受了"表扬"的伤。

许先生一直很认可赏识教育，并不折不扣地将之应用到对孩子的教育中。大到学会做家务，小到答对了一道数学题，他都会对孩子大加表扬。可是，他慢慢发现孩子听不进批评了，即使委婉的劝说也引来孩子长时间的不高兴，遇到解决不了的事也很容易自暴自弃。许先生对此非常烦恼！

其实，许先生的烦恼并不是个别现象。我们再来看看下面这个名叫涛涛的小男孩：

涛涛小时候是一个非常内向的小男孩。很偶然的一次机会，涛涛的父母听说，给孩子更多的鼓励和夸奖能让孩子更自信，能让孩子更活泼、更可爱。于是，从那以后，涛涛的父母就时不时地夸奖涛涛。

涛涛摔倒了自己爬起来，就会得到表扬："涛涛你真棒！"

涛涛会自己穿衣服了，就会得到表扬："涛涛真能干！"

涛涛会自己洗手帕了，就会得到表扬："涛涛长大了，真能干！"

涛涛考了 100 分，就会得到表扬："涛涛真是聪明啊！"

……

涛涛几乎做任何事情都会得到表扬。即使只是帮妈妈拿了个杯子，也会得到表扬。涛涛每天会得到几十次的表扬。甚至当涛涛干了坏事的时候，涛涛的妈妈为了保护涛涛，也会违心地给涛涛表扬。

当然，这样的表扬也是有效果的。本来性格内向的涛涛在父母的表扬下逐渐变得开朗起来。

可是涛涛上学之后发生的一件事情，一下子让涛涛的父母开始怀疑自己以前的教育方式是否正确。

那是涛涛上小学一年级事发生的一件事情：一天，涛涛在上课的时候睡着了，受到了老师的批评。第二天，涛涛就不愿意上学了。至于不想上学的理由，涛涛说："因为在学校受批评了，老师不喜欢我。我不想受批评。你平时不是告诉我困了就要睡觉吗？我困了睡觉了，可老师为什么不表扬我。反而批评我呢？"

其实，之所以会有这样的现象发生，根源在于没有把握好赏识教育的"度"。时下，由于某些因素的影响，赏识教育在一些家长或教师那里受到前所未有的重视，他们看到了孩子在得到肯定与赏识的同时，会增强进取心和自信心，却往往忽略这一现实：过度的赏识也会使孩子变得自负和脆弱，一旦遇到解决不了的困难，就会不知所措，极大地影响了孩子的成长。

是的，作为父母，适时地对孩子所取得的成绩或良好表现给予积极而正确的评价，告诉孩子他们为他的成绩感到自豪，这对孩子来说是极大的鼓舞，会促使孩子乘势而上，取得更优异的成绩。对于孩子来说，得到父母的认同和赞赏也是一件非常值得骄傲的事情。但是上述小案例中涛涛妈妈的表现无疑与有些"吝啬"赞美自己孩子的父母是相反的，她的问题在于赞美的声音"过高"了。

形象一点讲，太多的鼓励就像太多的糖一样，要知道，你若想让孩子知道"糖"的美，就不要让他掉进糖罐出不来。心理学家 H.C. 吉诺特通过对幼儿园中400 名幼儿的行为进行心理调查发现：

那些在三岁之前受到父母夸张式鼓励的孩子，进入集体生活后适应得很慢，容易情绪低落，人际关系也不佳。因为超乎寻常的夸奖给孩子造成一种错觉，觉得自己就是最好的，或者自己做事永不会错。当他受到老师和小朋友的批评时，会很受不了。

在很多情况下，家庭教育对孩子鼓励的"过分慷慨"，事实上与社会普遍的鼓励原则形成了双重标准，这让孩子感到迷惑，从而更有可能乐意待在家中，而不愿意留在集体活动的场景中。

也就是说，家长对孩子进行赞美的目的在于激励孩子向更好的方向发展，适当的表扬有利于孩子自信心的建立，但是，过度赞美或者不切实际的赞美却会使孩子形成一种心理依赖，导致孩子对批评，哪怕是一点点善意的批评都产生无原则的抵触心理。这样的孩子往往缺乏自我意识，做一点小事都希望得到表扬，否则就不做，这些对孩子自身的健康成长非常不利，也与父母的初衷背道而驰。我们常说："良药苦口利于病，忠言逆耳利于行。"作为新时代的家长也应该认真反思一下了！

那么，作为家长，如何把握赏识教育的"度"呢？

首先，家长要正确认识赏识教育。赏识不可能解决一切教育问题，"相信每个孩子都是天才"绝不等于"每个孩子都是天才"。换句话说，"赏识"其实改变的并非孩子的现实，而是改变孩子的心理感觉。如果对赏识缺乏必要的控制，无限度地对孩子一切方面"赏识"，孩子的心理感觉与现实便可能出现很大的差距。这时，孩子便可能满足于"赏识"提供给他的幻梦，而不愿去面对现实。

其次，家长要知道，赏识只是一种重要的激励孩子的手段，它之所以有效，一个重要的心理前提就是每个孩子都希望讨大人喜欢，每个孩子都信任大人的权威；而这又埋下了一种危机：如果一味用赏识满足孩子，并让孩子一味期待大人的赏识，最后可能导致一种"赏识依赖症"。原本赏识孩子是为了激励孩子努力，可后来却转变成孩子努力是为了获得大人的赏识。他们奔跑不是为了前面的目标，而是为了身后啦啦队的喝彩；父母当然乐于充当孩子的拉拉队，但问题在于，孩子们总有一天会发现，身后的拉拉队已消失不在，这个时候，他们还有信心和动力跑下去吗？所以，家长要学会赏识性地去激励，而不是单纯的赏识或者讨好孩子。

总而言之，"赏识"教育的确可以让人精神一振，力量倍增，但是如果没有标准，没有明确的教育指向，一味地赏识，就会演变为一种"精神鸦片"，而现实世界是不可能永远提供给孩子"赏识"这种鸦片的。家长们一定要对此引起注意。

第四章
在赏识中让孩子成长

一、适度的夸奖对孩子很重要

夸，就是表扬，即鼓励、赞赏。应该说，适度的夸奖在教育孩子的过程中起着非常重要的作用。孩子年龄小，辨别是非的能力差，夸，这时候起着导向作用，让孩子分清什么是真善美，什么是假恶丑；让孩子懂得什么是对的，什么是错的；什么应该做，什么不应该做。特别是孩子在心理上尚不成熟，夸，能起到抚慰和激励作用，能起到增强其战胜困难的信心和勇气、充分调动其主观能动性的作用。

尼克是一家铁路公司的调车员，他工作相当认真。做事也很尽职尽责，不过他有一个心理缺点，就是对人生悲观失望。总以否定的眼光看这个世界。一天，铁路公司的职员都忙着给老板过生日。大家都急急忙忙地走了。不巧的是，尼克不小心被关在一辆冰柜车里。

尼克在冰柜里拼命地敲打、叫喊，全公司的人都走了，根本没有人听得到尼克的叫喊。尼克的手掌敲得红肿，喉咙叫得沙哑，也没有人理睬。最后只得颓然地坐下来喘息。他愈想愈可怕，心想：冰柜里的温度是 $-20℃$ 以下，如果再这样下去，一定会被冻死。他只好用发抖的手，找出纸笔，写下了遗书。

第二天早上，公司里的职员来上班。他们打开冰柜一看，发现尼克倒在地上。他们把他送去急救，已经没有生命迹象。但是大家都很惊讶，因为冰柜里的冷冻开关根本就没有打开，这巨大的冰柜里也有足够的氧气，而尼克竟然死了。

事实上，尼克并非死于冰柜的温度。他根本不敢相信一向不会轻易停止冷冻的冰柜车会在这一天恰好因要维修而没有启动制冷开关。

我们身边有没有尼克这种现象呢？回答是肯定的。有的孩子因为学习不好，或者比较调皮，不管是在学校还是在家里，总是受到老师或者家长的批评，久而久之，在他们的心中就形成一个定式：我不行，我什么也干不好。学习没兴趣，生活没动力，思想没压力。懒懒散散，就是因为心里没有目标，他们才去干一些不应当干的事。于是又惹出祸来，给别人的印象就更加不好。因为别人对他的印象不好，他就更是破罐子破摔，形成恶性循环。发展下去，这个孩子的一生就这样废了。

在日本，有一个叫中川的语文教师给毕业班的学生布置了一篇作文，题目是《今后的打算》。他发现有两篇作文与众不同。一篇是学习成绩差而性格开朗的冈田三吉写的；另一篇是患过小儿麻痹症、体质弱的大川五郎写的。

冈田三吉的作文是这样写的：我的爸爸原来是鞋匠，在我幼小的时候就去世了。因此，我对爸爸没有什么印象。但听说爸爸是个手艺高超的鞋匠，"做日本最好的鞋匠"是爸爸的口头禅。我出生后，听爸爸讲过，要把儿子培养成日本第一流的鞋匠。

大川五郎的作文是这样写的：我的身体不好，不能做一般人都能做的工作，幸运的是我有一个亲戚在东京做裁缝，我想，自己虽然不那么灵巧，如果拼命地学习，一定能做出漂亮的衣服。将来，我一定要做一名日本第一流的裁缝。

毕业典礼结束的晚上，老师把他们叫去，说：你们都朝着日本第一流的方向出发了，做日本第一流，这一条路很艰难，但不管发生什么事，都不要泄气。

他们没有食言，八年后，果然成为日本名副其实的第一流鞋匠和裁缝师。在东京，只要一说起鞋匠三吉和裁缝五郎，人们都会竖起大拇指。

老师的一句话成就了日本第一流的鞋匠和第一流的裁缝师，这个老师是伟大的。冈田三吉和大川五郎也是伟大的，他们共同实践了一个真理：好孩子是夸出来的。

亮亮一年级时，写作文和别人一样慢，没有独特的想法。二年级写作文的时候，虽然只是看图写话，但总是因为半天写不出几行字，经常挨妈妈的骂。但是二年级的下学期，他的几篇纪实周记受到了妈妈的表扬，他似乎有了自信。特别是经过老师指导和推荐，他参加了那年的"春蕾杯"全国中小学作文比赛，为学校捧回了一个一等奖。这个奖励使他多少有些沾沾自喜，却也促使他更加认真地写好每一篇作文，而且这个奖励也成了他回击妈妈指责的挡箭牌。

上三年级时，有一次妈妈给亮亮改作文，突然注意到他不再对妈妈修改他的作文反感，反而略有满意和兴奋，妈妈很惊讶。要知道，过去，因为他对家长修改他刚写出来的文字非常不乐意，经常被父母斥责为不虚心。不管怎么说，那天，妈妈及时表扬了他。同时告诉他，任何人的优秀作品都是改出来的，谁先进入到了快乐修改和推敲的阶段，谁就更容易把平时阅读来的东西融入到自己的作文里。他是个很容易接受这种暗示的孩子，这个表扬果然让他开始自己修改自己的作文了。

童话作家郑渊洁在教育孩子时曾说过这样的话："要多夸孩子，要采取广种薄收的方法夸孩子，比如他画画时，你就夸他画得好，比如他唱歌时，你就夸他唱得好，比如他折纸时，你就夸他折得好。总之，你看他无论干什么你都夸他，那他身上潜在的某种天赋就被你激发出来了。"郑渊洁的儿子，由于从小受父亲激励，现在才 20 岁出头，就成为一家少儿画报的主编。

著名儿童教育家"知心姐姐"卢勤，在演讲中也反复强调，要多夸孩子，有孩子的父母要反复跟孩子说"宝贝，你真棒"，你对你的孩子夸得越多，你孩子的自信也就越多，孩子的喜悦和自信时刻围绕在你的夸奖声中，他们对世界的畏惧也就越少，他们的成长天空也就越广阔。他们会在你的赏识中学会欣赏别人，学会与小朋友的合作和分享。许多人都知道，爱因斯坦小时候曾被老师和同学视为弱智儿，而他的父母，尤其是母亲不仅不相信她儿子愚笨，而且坚持时时鼓励他，夸奖他，启发他，教育他，终于使他成为旷世奇才。

的确，爱永远比恨更有力量，而夸奖一个孩子，永远比斥责一个孩子更能帮助他茁壮成长。"你真棒"、"你的行为让爸爸妈妈感到骄傲"、"好聪明"、"我们欣赏你"，让这些溢美之词永远充满在你的孩子身边。因为，好孩子真的是夸出来的。

既然夸奖有这么多的好处，家长是不是就可以任意使用、恣意挥洒呢？答案是否定的。总是一味批评孩子，的确不是教育孩子的好办法。但是，一味地夸奖又会走向另一个极端，滥用夸奖，其结果必然适得其反。

夸孩子要有一个积极的态度。夸孩子不是为了满足大人的某种心理需要，而是为了孩子良好的思想行为的发展。有的家长因为白天忙工作，下班忙家务，在繁忙劳累的状况下，与孩子交流时表现出不耐烦的情绪，嫌他们啰唆，就随便回应孩子几句爱听的话，以便摆脱孩子的纠缠。这样，容易将错误的言行进行肯定，造成误导；也可能对应该充分肯定的正确行为表现冷漠，影响了孩子的积极性。所以，夸孩子要做到不管在什么情况下，都要仔细观察他们的表现，耐心倾听他们的讲述，并理解他们的思想活动，然后，再对应该肯定的言行进行充分的表扬。同时，也要对不正确的言行进行正面的引导和教育。

夸孩子的感情流露"浓淡"要适度。有些家长望子成龙心切，孩子稍微有一点进步就欣喜若狂、赞不绝口，甚至是广为宣传，久而久之，必然助长孩子的自满情绪。事实上，语言、表情、目光、动作都可以用来表达赞赏. 但在夸奖孩子时，应高度重视情感的作用，尽量做到"浓淡"适度。有时对孩子轻轻的一个微笑，也会起到许多赞美之词难以起到的作用。

夸奖方式"虚实"要适度。对孩子的评价应该是公正、准确的。但是，夸奖作为教育孩子的一种多功能手段。在具体运用中可以有一定的灵活性，即在坚持实事求是的前提下，允许有一点"虚"的内容。这里的"虚"主要指的是两个方面：第一，是对事实的适度夸张。例如，孩子纯粹因为好玩，挥着扫帚在院子里"扫地"，家长此时明知如此也不必点破。应及时表扬他爱劳动的行为，这种夸张有益无害。因为它既是对孩子正确行为的肯定，又可以让孩子知道，劳动是一种美德。第二，是对孩子将来的期望。例如，孩子的美术作业老做不好，每次总得低分，心里很自卑，这时家长就可以这样跟他说："你现在还没有掌握方法，以后只要按照老师的要求认真去画。肯定会画得很好！"这种鼓励尽管超越现实，但对孩子来讲却是必不可少的。

点面关系"结合"要适度。孩子取得一些进步，家长应该针对进步的点进行着重的表扬和夸奖，适当的外延是可以的，但要控制好范围。比如，说孩子最近的学习成绩有进步，就针对这方面重点表扬和鼓励，乃至奖励；即使这里面有一些偶然因素，家长仍可借机对他的学习态度和自觉性等方面进行鼓励，这可起到一定的督促作用。但家长切不可由此认为孩子一好百好，把他夸得跟天仙似的，而忽视或掩盖了他在劳动或纪律等方面的不足，这对孩子有百害而无一利。

夸与奖要相结合。通过经常性的表扬，使孩子受到精神上的鼓舞，从正面逐渐明白是非情理，分清真、善、美，假、恶、丑，对培养情操，提高品德，能起到很好的作用。如果将表扬和奖励结合起来，就能使教育效果更佳。奖励，以精神奖励为主，但适当的物质奖励也必不可少。虽然，给予孩子的物质奖励从数量上看是微不足道的，但对孩子来说，却是一种需要，一种满足，甚至可以转化成一股积极向上的力量。

二、不妨放大孩子的优点

这是一个典型的望子成龙家庭。父母都是农民，由于家庭比较贫穷，孩子初中没毕业就早早地随着打工的人潮来到城市。经过多年拼搏，终于在深圳这个大都市里有了自己的一片天地，并且开了一家超市。房子、车子都有了，生意蒸蒸日上，并且还有积蓄。

回顾多年的商海搏击，父母自觉知识的重要性：由于合同漏洞使他们初涉商海就被不良奸商欺诈去了三万多元，这可是他们的第一笔积蓄呀，当时两个年轻人就站在那个奸商的公司门口痛哭失声而又那么无助，这件事在他们的脑海中留下了深深的烙印。那时他们就暗暗发誓：这辈子一定不能再让自己的孩子没有知识。

为了教育出一个能够光宗耀祖、出人头地，最重要的是不再被没有良心的奸商欺负的孩子，从孩子出生的那一刻起，妻子就全心全意地做起了孩子的专职设计师。虽说爸爸每天辛苦上班一人忙着生意，但是回到家中能够看到聪明伶俐、活泼可爱的孩子，也就消去了一天的疲劳。看着孩子一天天长大，孩子的学业逐渐提上了家庭的议事日程。看到人家的孩子上了好的幼儿园，也要找一个好的幼儿园；看到人家的孩子上了重点学校，托关系、找熟人、送礼品也要上重点学校；看到别人家的孩子学钢琴，也给孩子买了钢琴；看到别人家的孩子在学小提琴，也让孩子学习小提琴；听说学校里要开兴趣班，也马上报名。把孩子的时间给安排得满满的，孩子放下书包就要练钢琴，练完钢琴后练小提琴……慢慢地孩子开始对什么都没有兴趣了。

在孩子上小学三年级的时候，累积的"爱"终于爆发了。孩子留下一张纸条和两个同学出走了。"爸爸妈妈，我不要上学了，我要到一个不需要学习，不需要练钢琴、小提琴，没有强迫也没有兴趣班的地方，我和两个同学一起去不用上学的地方了……"看到这张纸条的时候。他们惊呆了。

当千辛万苦找到孩子后，妈妈哭泣着打通了老师的电话：我们的教育错了吗？我们对孩子的爱难道成了强迫了吗？我们以前想学学不到、想见见不着、想要没钱买的这一切在孩子的面前怎么就成了压力了呢？我们这样做的一切还不都是为了他吗？

的确，当我们的"爱"变成了对孩子压力的时候，我们的爱就真的是太悲哀了。之所以发生上述故事，是因为我们的家长以爱的名义，只想按自己的意志行事，而不懂得孩子的所思所为。

爱孩子，却不懂孩子，是我们家长的通病。国内教育心理专家曾举办过一次家长大讲堂活动。在大讲堂上，专家要求家长们写下自己孩子的身高、体重、喜欢看的书、最不喜欢做的事情。对前两个问题，家长答得很麻利，对于后两个问题三十多个家长表示不清楚。专家讲到，一个六年级的男孩子，总是不听父母的话，总爱乱发脾气，乱发脾气的原因，仅仅是孩子的母亲在他的同学面前数落他的不是；一个八岁的小男孩总喜欢打同班同学，其原因是父母对他乱发脾气；一个九岁的孩子不断咬破自己的嘴唇，或让自己生病，背后原因竟是为了不让自己的父母离婚。听到这些例子，家长席里传出了一声声叹息。一位家长说，他头一次意识到家长的不良情绪会有如此坏的影响。

可见，天天和孩子生活在一起的父母，对孩子到底"懂"了几分？实在是一个未知数。

家长常常将对孩子的爱化作热切的希望——希望孩子能够比自己幸福，能够拥有一个顺利、灿烂的未来。那么，如此深厚、强烈的爱怎样才能得到孩子的回应呢？关键在于家长要懂孩子，要会爱孩子。

1. 尊重理解是爱孩子的基本原则

家长都希望甚至是渴望孩子能够听进自己的话，但是往往事与愿违。原因还得从我们家长自身找起，我们家长普遍存在的问题是不会与孩子沟通和交流，对孩子说话不加考虑，张口就来，一点弯都不会转，直来直去，只管自己痛快，不管孩子爱听不爱听，更不要说效果了。

与孩子谈话一定要讲究策略，要讲究技巧，千万不要居高临下，与孩子谈话首要的是要尊重和信任孩子，也就是要看得起他们，要倾听他们的心声，要站在他们的角度思考问题，要关注他们的心理需求。再就是语言要让孩子能听得进去听得明白，能感动他们。例如，假设孩子的做法你不以为然，可以试一下如下方式：首先要学会倾听，让他谈一谈做这件事的原因或理由，然后谈一谈你对他做的这件事的看法和理解、心情和感受，再站在他的角度上谈理解，最后提一下你的建议，你这样做是不是会更好些？当然事情的选择权还是要交给孩子，事先要把选择的原则告诉他，为了将来的快乐而选择快乐是人生最高境界的选择，为了明天的快乐而选择暂时的痛苦是明智的选择，为了暂时的快乐而选择将来长期的痛苦是悲哀的选择，并明确你的态度："你的事你自己选择，你的选择你自己承担，你承担了我会陪伴你。"

2. 承认差异是理解孩子的出发点

有的家长在教育自己的孩子时往往喜欢和别人家的孩子攀比，你看人家的孩子怎样怎样，或者在孩子面前有目的地表扬人家的孩子，这不仅会大大伤害孩子的自尊，久而久之，很容易让孩子丧失信心，而且还容易诱发孩子的嫉妒心理。要承认差异的存在，要让孩子知道你是最棒的，他也是最棒的，你们都是最棒的！要知道信心是成功的基石，有了自信心许多事情就由不可能变为可能，使可能变为现实，如果抹杀了孩子的自信，就堵截了孩子成功的路。正可谓：说你行，你就行，不行也行；说你不行，你就不行，行也不行；不服不行。举例：美国一位心理专家来到一所学校，表明身份后选出了十名学生，并断言这十名学生都具有高智商，将来一定能出人头地。一年后这十名学生果然都很出类拔萃，校长问心理学家奥秘，心理学家的答案是随机乱指，他们之所以很优秀是因为他们的心态和环境都变了。

3. 信任是发现孩子潜能的金钥匙

每个人都具有巨大的发展潜力，尤其是孩子。家长要对孩子充满信心，哪怕天下所有的人都看不起自己的孩子，做父母的也要眼含热泪地拥抱他、欣赏他，为自己创造的生命而自豪。不同的孩子具有不同的生命潜能和个性品质，孩子的发展是建立在自己的长项上的。譬如，有个孩子，他的语文不好，数学也很差，又没有什么特长，但他能将地面打扫干净，把卫生洁具归整得井井有条。教育专家指出，这个孩子生命的腾飞点就潜藏在能打扫好卫生上！他能踏踏实实、善始善终做好不为人所看重的琐事，这是一种多么难能可贵的品性！耐心地帮孩子挖掘出闪烁着独特光芒的潜质，让它成为打开孩子生命潜能的金钥匙。

4. 放大优点是赏识孩子的重要手段

孩子在成长的过程中犯错误是不可避免的，有些家长恰恰不能面对这样的现实，把孩子的正确行为看成是理所当然视而不见，而孩子稍有不慎出现点错误行为就有点受不了，就立即训斥，可谓是："优点不说少不了，缺点不说不得了。"而赏识教育则恰恰相反，"优点不说不得了，缺点不说慢慢少"。赏识孩子的优点同样还要接纳孩子的缺点，唤醒孩子自己要有做个好孩子的愿望，不要怕失败，轻易不要说伤害孩子的话，有什么事说什么事，不要火气一上来就口不择言，"你真笨"、"你完蛋了，你不可救药了"、"我真是伤透心了，养你这么个不争气的儿子"等，什么损人说什么，把感情都伤透了，孩子怎么可能还会听你的？如果你真心实意地想和孩子交朋友，就把要对孩子说的话先说给自己听，看看自己能不能接受，如果让孩子看出了你的诚心，再怎么严厉地批评孩子也能接受，赏识教育并不是不要批评，而是有感情基础的批评。作为家长，切忌不要把你的经验强加在孩子身上，更不要在孩子面前炫耀自己过去的成绩，你可以默默地做，让孩子自己来感受，这样他才能从心底里佩服你，这样你说话自然而然孩子就会听进去了。

5. 分担是最有效的批评策略

对于孩子的缺点、错误，不是不能批评、惩罚，而是要摆正位置，注意策略。大人之间的批评要注意方法，对孩子的批评更应注意方法。分担孩子因错误而造成的痛苦则是最好的提醒和批评。犯错误的孩子已很伤心，父母能真诚地安慰孩子，分担他的痛苦，会使孩子感受到父母对自己的真爱，会更容易听进和接受父母的提醒、劝诫和意见，从而自觉地努力改正缺点和错误。

6. 家庭环境是赏识教育的核心

父母给孩子的最好礼物是和谐的家庭环境. 家庭和谐的根本还是自身的和谐，父母要学会当好自己的角色。父亲给孩子的最好礼物是好好爱你的妻子，母亲给孩子的最好礼物是好好崇拜和欣赏你的丈夫。丈夫在妻子面前，首先是要心疼自己的妻子，让你心爱的女人一有委屈就可以放心地扑到你的怀里像婴儿一样尽情哭泣；其次是要乖，像儿子依赖于母亲，从妻子那里寻求一点母性的爱。妻子在丈夫面前，首先要佩服，男人是为了得到女人的崇拜才来到这个世界上的，老婆的崇拜不可替代；妻子的第二个法宝是娇，学会在男人面前示弱，娇妻可爱，会撒娇的妻子才可爱。单亲家庭也要给孩子营造一个宁静的环境，这样孩子才会有安全感，安能生静，静能生慧，有了智慧的光芒还愁孩子没前途吗？

7. 耐心陪伴是孩子的成长需要

急于求成、急功近利、缺少耐心是大部分家长存在的弊端，孩子成长有一个渐进的过程，要耐心等待孩子的成功。孩子出现了问题，应多从自身找出问题产生的根源，作为家长应该用心来呵护孩子的成长。同孩子在一起是人生最美好的时光，千万不要嫌麻烦，算来孩子在你身边也只有这几年的时间了，我们每一位家长都要真正放下架子和孩子交朋友，时刻关心孩子的成长。要学会利用身边的教育资源，多与老师沟通交流，配合学校老师做工作，孩子对老师可能有点不理解，这是可以原谅的，毕竟他们还小，人世间的许多事还没有经历，但作为家长一定要相信老师、配合老师。

8. 分享是对孩子的最好激励

家长应努力给孩子制造出可以表现优点和聪明才智的机会，因为孩子的点滴成绩、进步都具有激励价值。不要抱怨为了孩子，你付出了多少多少，应学会分享孩子的点滴进步、点滴成就，这比表扬、物质奖励更好。当孩子能感受到父母因他而快乐、自豪时，会受到多么巨大的激励呀！他会暗下决心，一定要做得更好。

要给孩子一个成长的空间。每个人的成长并不是个一直都天天向上的过程。即使是成年人，也会犯重复的错误。父母应该经常关注孩子的生命状态，有足够的信心和耐心，去发现孩子行为背后的原因，找到最佳教育途径和方式，给他们一个成长的时空。

三、赏识教育应该伴随孩子成长的全过程

哲学家詹姆斯说过："人类本质中最殷切的要求是渴望被肯定。"而赏识正是肯定一个人的具体表现。赏，含欣赏赞美之意；识，是肯定认可。赏识教育就是通过激励、表扬等手段，肯定孩子的优点、长处，鼓励他不断追求成功。

人的天性总是希望得到别人的肯定，喜欢听别人的溢美之词。所以，家长要学会适时地"吹捧"孩子。在孩子每回答一个正确的问题时，要及时地肯定孩子，提高他的积极性。"你真棒！""真不错，有进步！"简单的几句话语，往往会起到意想不到的效果。

在孩子上小学之前，大部分父母都是用欣喜、赞扬的角度关注着孩子。然而，孩子逐渐长大了，尤其是进入小学后，父母语言中赞赏的含量越来越少，焦躁、急躁和浮躁的成分越来越多，一时间，叹气、埋怨甚至打骂成了家庭教育的"主旋律"，可是即使使出浑身解数，孩子依然我行我素，不见丝毫效果，这到底是什么原因呢？其实，作为家长，恰恰忽略了现代教育的重要策略和方法，那就是"赏识教育"。赏识教育不是一时的冲动，它应该伴随着孩子成长的全过程。

1. 用"赏识"的语言开启孩子心灵和智慧之门

许多家长抱怨说，现在的孩子无法沟通，很难管束，孩子想什么，大人都不清楚。还有的家长说，事业蓬勃的我一生中最大的失误就是教育不好自己的孩子。

其实，现实中并不存在教育不好的孩子，只是看你是否能运用好"赏识教育"这把开启孩子心灵和智慧之门的金钥匙。

"赏识教育"是现代父母必须掌握的一种有效教育方式。在进行赏识教育时，无须做更多的准备，你可以通过语言的激励、适当的表扬、物质的小小鼓励和一分为二看问题的角度等手段，肯定孩子在学习、生活、习惯、社交等方面的优点、长处，鼓励他们不断地追求新的目标，追求新的荣誉，从而取得更大的进步。有的家长问，是不是赏识教育只适用于"好孩子"？其实不然，并不是只有好孩子才需要赏识，而是绝大多数孩子都需要赏识，通过赏识会使好孩子变得越来越好。不是只有差孩子应该挖苦埋怨，而是一味地挖苦埋怨只能使差孩子变得越来越差。

2. 把"赏识"的手段作为与孩子沟通的桥梁和纽带

有的家长说，我的孩子怎么这么不听话，这么倔强，别人的孩子怎么那么懂事，那么好沟通？从心理学的角度分析，那就是"越是亲近的人越难以表达自己的情感，甚至难以沟通，因为他们彼此认为非常熟悉，不必沟通了，觉得语言的沟通是多余的"。那么，家长和孩子怎样才能进行良好的沟通呢？最好的方式就是赏识教育。

要知道，正是在家长的赞许和认可中，孩子才能逐步增强自信心，增强成就感和竞争意识，孩子才能实现自己的目标。父母如果善于赏识孩子，能够运用尊重、信任、理解、宽容的心态来真诚地了解孩子的内心，就意味着你的沟通成功了，因为聪明的你已经赢得了孩子的感情；增强了亲近感，更重要的是你赢得了教育孩子的主动权，只有这样，你才能输入你的教育理念和教育内容。可见，赏识教育的作用有多么大，多么有效。

3. 用"赏识"的方法培养孩子的责任感

琴琴虽然只有十岁，负责倒垃圾却已经五年了。五岁时，她突然对倒垃圾产生了兴趣，一听到收垃圾的铃声，就提着垃圾桶去倒。爸爸妈妈为了保持她参加家务劳动的兴趣，培养她对事情的责任感，对她倒垃圾的事予以表扬，说她能干、勤快，还经常当着琴琴的面，在外人面前称赞她，引起人们的赞誉。这样越发增强了琴琴主动倒垃圾的自豪感，慢慢地就形成了习惯，把这项劳动看成是自己的责任。

孩子们的责任感如何，直接关系到民族的未来。一个没有责任感的孩子，会因为找不到自己在社会中的地位与价值而迷惘，而失去创造成就的动力。由此可见，责任感多么重要。在赏识中培养孩子的责任感，家长不妨做到：让孩子独立上学，表扬他对自己负责的行为；了解孩子对家庭、对父母关心的情况，并加以肯定；赞赏孩子对班级、对学校、对社会，乃至对国家所表现出来的责任感。

4. 通过"赏识"激发孩子的创新精神

一个没有创新能力的民族，难以屹立于世界先进民族之林。而现实生活中，家长重视孩子的学习成绩多，却极少注意培养孩子的创新意识。在一些家长的心目中，一直残存着传统的教育观念和评价孩子的标准。他们经常把"孩子真听话"、"真乖"作为好孩子的评价尺度。如今这一观念已经陈旧。从孩子未来生存发展的需要来看，从小培养孩子具有独立自主意识，坚强的意志，敢想敢干，勇于创新、大胆创造的精神及其勇于和敢于迎接挑战、挫折与艰辛的心理素质才是科学的教育观念。如果孩子具备这种素质，就会不怕困难，勇于探索，才有在未来竞争中战胜对手的可能。因此，家长要转变原来的"我说你听"、"我打你从"的教育方式，采取民主的、激励的、赏识的教育方式；同时要鼓励孩子勇敢地走出书斋，走出家庭和社区，放眼世界，放眼未来，树立雄心壮志。

5. 通过"赏识"促使孩子完善自我

丘吉尔说："你要别人具有怎样的优点，你就要怎样地去赞美他。实事求是而不是夸张的赞美，真诚的而不是虚伪的赞美，会使对方的行为更增加一种规范。"

每周五的晨会，是腾龙学校的"赏识晨会课"。短短的 20 分钟，孩子们畅所欲言。

——"金玮写的《优点卡真好》发表在《中国小记者报》上，多了不起，我十分佩服他！""昨天我身体不好，头晕呕吐，是袁娇主动扫干净了脏物，借此机会，我感谢她！""我赏识俞春花，因为她居然能把《一次有意义的活动》这么长的课文读得一字不差，肯定是回家苦练了好几遍。"

孩子们互相之间赏识性的评价，对增强他们的自信心和自豪感大有裨益。在家庭里，家长也可以借鉴这种赏识方法。因为这样的赏识话语发自孩子的内心，蕴涵着他们的真情实感。在赏识他人的过程中，孩子们自然而然地看到他人的长处、他人的努力，从而信任他人，欣赏他人。相互间多了羡慕、竞争，少了反感、嫉妒，他们不仅自我激励，更能相互激励，不断地吸取他人之长来完善自我，超越自我。

6. 通过"赏识"和孩子交心

赏识孩子要有发自内心的信任、尊重、理解、宽容、激励，才能做得到。信任就是相信孩子能行，并把这种信任落实到平时的言行中，使孩子体会到你对他的信任，进而激发孩子的自信与自强。要尊重孩子合理的心理需求与个性差异，尊重他们的爱好与选择，尊重他们的人格。激励要善于发现孩子的长处，充分肯定他们的点滴进步，对他们的长处要"小题大做，无限夸张"，永远不说"你不行"，而是毫不吝啬地说："你真棒。"让孩子在充满鼓励与期待的沃土中成长。宽容则是要求家长"容其所长，恕其所短"，绝不让孩子在指责声中自卑地抬不起头来。

家庭要努力创造一个好的环境，既能对孩子的行为规范有所规定和限制，又能满足孩子不断学习的需要。家长要认识到，教育应该把个体生命发展的主动权还给孩子，应该让孩子享受童年的欢乐，健康地成长。我们的行为规范教育应该充满民主、科学和个性，要用心灵去赢得心灵。

现在的孩子大多数是独生子女，在家中备受宠爱，不少家长对孩子生活上的过分照料，处处迁就，因此形成了他们凡事以自我为中心，人与人之间相容性差，对父母的依赖性强，感情脆弱，心理承受能力差。针对现在孩子的这些特点，除了积极开展各项有益的活动，丰富孩子生活外，还应与孩子多交朋友，与他推心置腹，以心交心。

7. 让赏识教育贯穿在"爱"之中

爱是人类最基本的情感，在教育中，爱更是教育的灵魂和生命。对孩子进行爱的教育，是教育的关键，也是教育的基本要求。爱需要教育，教育也需要爱。爱的教育既是孩子普遍的一种心理需要，也是成人做好教育工作的关键，而且在一定程度上说，爱的教育也是双方的。要与孩子交上朋友，爱也是其成功的关键所在。

卢梭在教育名著《爱弥儿》一书中提出，爱是人类最基本、最自然的情感，也是进行教育的基础。只有进行以爱为基础的教育，培养情感，才会使孩子在充满爱的氛围中形成良好的情感，形成自尊和自信，学会爱自己，爱他人，爱人类社会。如果与孩子能真正交上朋友，以心交心，那么家庭中就会充满爱，教育也就更容易成功。因为在家庭教育中，父母是教育的主导力量，孩子是接受教育的能动体。如果家长没有取得孩子的信任与爱，那么即使教育目标对头，方法正确，教育也无法达到期望的效果，因为孩子可以拒绝接受你的教育，教育的困难与失败往往就在这里，但教育成功的秘诀也常常是在这里。

四、每个孩子都希望自己是别人眼中的"好孩子"

每个孩子都希望自己成为成人和同伴心目中的好孩子，希望自己得到成人的喜爱和关注。他们缺乏自我评价的能力，常常会以成人的评价来衡量自己、认识自己，成人的赏识和积极的评价对孩子产生自信心至关重要，可以引发孩子良好的学习态度和愉悦的情绪体验，可以让他们在具有成就感的过程中获得新发展。他们需要成人的赏识，尤其是家长的赏识，父母一句表扬的话、一个赞许的眼光，足以让孩子高兴一整天。

有一位家长迷信"棍棒"教育，在自己孩子身上进行"实践"。结果，他那上小学的儿子屁股上经常青一块紫一块。朋友问他："孩子的学习成绩上去了吗？"回答是无奈的："零蛋、不及格、50分……"而对孩子其他方面的表现，这位家长也是摇头叹息。

我们每天都和孩子在一起，但孩子究竟是怎样的？他们真正需要的是什么？这似乎是一个尽人皆知的问题，作为成人的父母总以为自己是了解孩子的，事实上，孩子渴望得到成人的赏识。在每个孩子心中。都藏着一颗等待萌芽的种子，渴望教师和家长去发现，渴望着我们去赏识，去肯定。让我们更加关注孩子的每一点细微变化，赞赏他们的兴趣、爱好和各自的特点；赞赏他们以自己的眼光来整合他们暂时还无法认识的世界；赞赏他们的体验和由此产生的近乎荒谬的思维萌动……虽然他们离成熟还非常遥远，但我们的赞赏将使他们不断进取，充满信心地跨越和超越人生的巅峰。

赏识教育的成功实践者周宏，第一次看残疾的女儿周婷婷做应用题，十道题只做对了一道，按说该发火了，可是他没有。他在对的地方打了一个大大的红钩，错的地方不打红叉，并由衷地赞扬她："你太了不起了，第一次做应用题十道就对了一道，爸爸像你这么大的时候，碰都不敢碰呢！"八岁的周婷婷听了这些话，自豪极了。于是，自信心得到增强。升初中考试时，数学考了九十九分。在周宏的鼓励赞扬下，上小学的周婷婷能背出圆周率小数点后一千位。十岁那年，还写作出版了十二万字的科幻童话故事。消息见报后，不少残疾儿童被送到周宏门下，周宏用"赏识教育法"使这些儿童都取得了很大进步。周宏爱说的一句话是："哪怕天下所有的人都看不起你的孩子，你却应该眼含热泪地欣赏他、拥抱他、赞美他。"

父母在孩子心中有不可替代的地位。当孩子面临困苦时，父母是爱心天使；当孩子遇到困难时，父母是一双温暖的大手；当孩子感到困惑时，父母又是开心锁和指路人……孩子有理由信任自己的父母。因为父母是那样关照他。所以，当孩子遇到不顺心的问题时，做父母的不可打骂、责备，而应以亲切的话语温暖孩子的心灵，给孩子以勇气和信心，让他从困境中摆脱出来，重新燃起希望的火花。

福井谦一是日本著名的化学家，1981年获得诺贝尔化学奖。福井谦一从小住在乡下，后来随父亲进了城。最初，福井谦一的考试成绩并不理想。那是一个夏日，阳光火辣辣地照射大地。人们都躲进屋子里避暑，路上行人稀少。这时，福井谦一游荡在大街上，顾不得阳光的暴晒。他把手里的试卷看了一遍又一遍，一声又一声地叹着气。"这次又没有考及格，我该怎么向父亲交代呢？他一定非常失望啊。"他一路自言自语地说着，面部表情很痛苦。

小谦一忍着饥饿向家里走去，不知不觉来到了家门口。他知道，家总是要回的，父亲总是要面对的。如果不回家，父亲不是更着急吗？再说，肚子早饿了，午饭也没吃啊。就这样，他硬着头皮走进家门，一头碰上了父亲。

"爸爸，我这次化学考试又没及格。"小谦一低下头，小声告诉父亲。

"真的吗？"父亲听得清清楚楚，"让我看看。"

父亲看了儿子的试卷，一丝失望从心头掠过，因为这是儿子很多次不及格考试的最新纪录。

但是，看到儿子同样难过的表情，父亲没有把失望和难过表现出来。他迟疑了片刻，微笑着对小谦一说："啊，这是第几次不及格了？不过不要紧，这次考试不能代表下一次考试；现在考得不理想，不能代表以后考得也不理想。我想，只要你努力了，总有及格的时候。你说呢，谦一？"

"爸爸，我看我还是不上学了。我不是读书的料，将来还会让你失望的。"小谦一哭了。

"谁说的呢？"父亲一愣，他抚摸着儿子的脑袋，鼓励他道："谁说你很笨呢？虽然你的功课暂时没跟上，这并不表明你很笨。你是个很努力的孩子，这点困难算得了什么？只有在困难面前不退缩，才能战胜困难。如果连这一点困难都战胜不了，以后不管干什么，都会被困难吓倒的。相信爸爸的话，努力地学，你会超越自己的。"

小谦一被父亲宽容和鼓励的话打动了，心里重新燃起了勇气和希望。他对父亲说："爸爸，我不应该在困难面前退缩，我收回我刚才的话，从今以后继续努力。"

一分耕耘一分收获，下次考试又开始了，虽然这次仍然不及格，但比上次大大进了一步。小谦一不敢耽搁，继续抓紧学习。休息日，他放弃了玩耍的时间，一个人到图书馆里看书，直到下班的时间到了，他还专心致志地埋头做题。功夫不负有心人，再一次考试时，他终于及格了。

然而，在当代生活中，孩子从"边缘人"的状态被提升到"小太阳"的中心地位，受到成人的呵护、重视；但同时又受到成人的忽视、压抑、利用与控制。一方面是父母处处小心、无微不至的照顾；而当孩子对眼中的世界充满了新奇，需要不断地发现、探索时，一些纪律的需要和被当作"无知的发问"又使孩子被剥夺了发展的机会，而从成人的角度，把儿童当成需要过度保护的、无知的生命。

有时，当孩子从地上捡起小石块或飘落的树叶时，家长总会以成人的习惯，要求他们把"脏东西"扔掉，然而，孩子却会将身边的一切东西当作学习的工具，并以自己独特的方式诠释着他们心中的世界。看到一片雪花，孩子会说："这是小太阳。""这是八爪鱼。"他们用手、用脑学习，更是用心去学习，用心去体验着属于他们的人生。所以，家长一定要站在孩子的立场上，从孩子的角度出发，去认识孩子、理解孩子。

理解孩子，即要从孩子的视角看待他们眼中的世界。每个孩子都是一本书，一本需要成人不断用心去解读的书。他们的心灵世界之丰富并不亚于成人，他们特别需要的是尊重和理解，这离不开成人对他们的赞赏。我们只有寻找到通向他们心灵世界的通道，才能建立彼此的信任，找到引导他们的适宜方法。

赏识，其本质是爱。学会赏识，就是学会爱。人性中最本质的需求就是渴望得到尊重和欣赏。赏识教育的特点就是注重孩子的优点和长处，逐步形成燎原之势，让孩子在"我是好孩子"的心态中觉醒；而抱怨教育的特点是注重孩子的弱点和短处，小题大做，无限夸大，使孩子自暴自弃，在"我是坏孩子"的意念中消沉。

赏识导致孩子的成功和进步。不是好孩子需要赏识，而是赏识使他们变得越来越好；不是坏孩子需要抱怨，而是抱怨使他们变得越来越坏。赏识教育的奥秘在于让孩子觉醒，每一个生命觉醒的力量是排山倒海、势不可挡的。

赏识教育不是单纯的表扬。在民主气氛下长大的孩子自信心强、性格独立。然而世界上没有绝对的民主，只有相对的自由。对于孩子身上的缺点，绝对不能姑息迁就。既要赏识也要批评。既要用积极的眼光看待孩子。以激发孩子的成长潜能，也要指出和纠正孩子的问题。让孩子的成长有一个正确的方向。两者结合，孩子才会有真正健康的心理。如果把赏识教育、激励教育等同于说好话，那赏识教育就被俗化了，认为赏识就是多表扬，在孩子身上拼命挖优点，然后夸张地进行赞赏，而赞赏的词句也很匮乏，无外乎"你真棒"、"你真聪明"、"你回答得真好"；而对于缺点，却是轻描淡写，甚至视而不见。长此以往，孩子认识不到自己的缺点，无法建立是非观。此外，只听好话的孩子，生活在大人编织的虚伪自信中，当没有人包容他们的缺点和毛病，给他们提出意见的时候，他们会很难接受，无法面对挫折和失败。

赏识教育要和挫折教育相结合，要让孩子尝到失败的滋味。培养对抗逆境的勇气。要让孩子知道，目标越高，越是好强上进。越是容易遇到或感受到挫折，而拒绝挫折，就等于拒绝成功。赏识教育要同道德教育相结合。要让孩子知道什么可以做什么不可以做，尤其要让孩子懂得行为的底线在哪里。

五、要学会倾听孩子的心声

人人都希望他人能够发现自己的优点，看到自己的努力，当自己尽心地去工作时能得到众人的认可。孩子更是这样，也希望得到小朋友和老师的认可与喜爱。一旦得到这样的认可，他们就会得到自信心——这是在生活中和学习中，不断成长，不断地勇攀高峰，不断地向成功迈进的力量。这就需要老师们睁大双眼，用赏识的目光去看待每一个孩子。

珍妮是个总爱低着头的小女孩，她一直觉得自己长得不够漂亮。有一天，她到饰物店去买了只绿色蝴蝶结，店主不断赞美她戴上蝴蝶结挺漂亮，珍妮虽不信，但是挺高兴，不由得昂起了头，由于急于想让大家看看，出门时竟与人撞了一下。

珍妮走进教室，迎面碰上了她的老师，"珍妮，你昂起头来真美！"老师爱抚地拍拍她的肩说。

那一天，她得到了许多人的赞美。她想一定是蝴蝶结的功劳，可往镜前一照，头上根本就没有蝴蝶结，这时她才想到，一定是出饰物店时与人一碰弄丢了！

每个人身上都有他的缺点和优点，对于成人来说，相互交流时，多提出缺点，有利于自身水平的提高，而孩子正和大人相反，他们需要的，是家长和老师给予他们赏识的目光，赏识的语言，需要成人不断地去挖掘他们的优点，不断地去鼓励他们，激励他们成长。在学习和生活中夸大孩子的优点，在保护自尊心的条件下，婉转地提出缺点，让他们充满自信地成长。

一次随意的聊天，一次无意的帮助，一个小小的鼓励，一个亲切的微笑，都可能成为孩子发生变化的转折点。当我们和孩子在一起时，经常会从孩子身上找到自己童年的影子，也许我们也在一次一次地等待成人那带有赏识的目光，鼓励的言语与手势，希望自己的能力得到大家的认可，最重要的是得到成功的感觉。

对于每一个孩子来说，成长都只有一次，所以我们要坚持不懈地关注他们，理解他们，帮助他们。家长和老师给予孩子的鼓励就像阳光和雨露，温暖和滋润着他们幼小的心灵。

1. 以理解、信任的心态赏识孩子

因为孩子的情绪变化是直接的，不加掩饰的，他们随时随地会表现出自己的情绪。如果一味压抑孩子的情感，这样给孩子留下的是对自己情感的封闭，会带来今后长期的冷漠待人态度，这不利于孩子健康心理和健全人格的形成。而这时给予他们的应是让他们愉快宣泄自己的消极情绪，以理解、信任的心态赏识孩子。

情绪的宣泄有很多种方法，比如：倾诉、哭泣、高喊、运动等。适度的宣泄可以把不愉快的情绪释放出来，使心情归于平静。当孩子心中有烦恼和忧愁时，父母要教导孩子可以向老师、同学、父母以及兄弟姐妹诉说，也可以用写日记的方式进行倾诉；情绪低落时，也可以大哭一场；在自己什么事情也不想做的时候，也可以适当地运动，使自己精神振奋。但是，在宣泄自己情绪的同时，要注意时间和场合，不要伤害到别人和自己。

作为父母，要学会倾听孩子的心声。在孩子紧张、不安，或者苦闷的时候，不妨试试耐心地倾听，让孩子感觉到父母能理解他。在内心产生欣慰之感，进而使紧张情绪得到缓解。在平时，父母也要注意让家里形成一种轻松的气氛，父母要经常讲讲笑话，说点有趣的事。当然父母也可以有意地运用一些排除苦恼的技巧，比如当自己不愉快的时候，可以听听优美的音乐，走到室外散散步，向别人说说自己的顾虑等方法，这些都可以消除郁闷。如果家长在生活中善于运用各种方法来排除苦恼，那么当孩子不高兴的时候，他们也会模仿父母运用一定的方法来缓解不良的情绪。

2. 用宽广的胸襟赏识孩子

在孩子的世界里，他们对周围的一切空间和事物都充满了好奇。在他们急切满足自己的好奇心，尝试探索周围一切的时候，难免会犯这样和那样的过错，成人要以宽容的胸襟赏识孩子，就是我们所说的要宽容孩子的过错，允许孩子尝试错误、允许孩子说出自己的不同意见，表示自己的不同想法。俗话说"人无完人"，对于自制力十分有限不懂事的孩子，有缺点、有过失在所难免。作为家长，不仅要看到孩子的可爱之处，更要接纳孩子的不足，宽容孩子的"破坏"行为。

荷兰著名的物理学家昂尼斯，生于一个书香之家。他自幼接受良好的家庭教育，几乎读遍了长辈们的所有藏书。除了酷爱读书外，小昂尼斯还爱实验，用实验证明书本里介绍的知识。他把家里最高的阁楼辟作自己的"天文台"和"实验室"，有空就钻到里面，埋头学习钻研。

一次，小昂尼斯在做实验时，不小心着了火，火借风势，转眼间蔓延开来，迅速把实验室变成了一片火海，直至烧毁大半栋楼房。

小昂尼斯自知闯了大祸，吓得逃到荒野，整夜不敢回家。他想：爸爸一定饶不了我，这下子什么都完了。

儿子丢失，这可急坏了双亲。他们还以为孩子葬身火海了，可火灭后清点残迹时，一点踪影都没有找到，便又四处寻找。直到天亮时，他们才在田野上发现了吓得哆嗦成一团的儿子。

"爸爸，我对不起你。你会打我吗？"小昂尼斯哭着喊。

父亲一边心疼地拥抱他，一边安慰他说："没关系。为了研究科学，你就是把自家的房子全拆了，把田地全毁了，我也不埋怨你。"

"爸爸，我以后再也不要做这种实验了。"小昂尼斯保证说。

"那怎么能行？如果不做实验，你怎么能学到真正的知识？孩子，别怕，以后小心一些就是了。"

小昂尼斯对父亲的宽容十分感动。他决心不辜负父母的期望，在学术上做出一番成绩。

孩子有时会做错事，但不能一概而论地进行申斥。因为，孩子的失误有时是故意的，应该受到批评；但有时却不是故意的，而是因为缺少经验。该不该批评，要看这件事的性质，如果这件事的出发点是好的，即使造成了失误，也要冷静处理，帮助孩子分析原因，指导孩子找到正确的方法，就如昂尼斯的父亲一样，就一定会杜绝再一次失误，对孩子的成长十分有益。试想，如果昂尼斯的父亲对儿子大加申斥，并阻止他再次进入实验室，一个热爱科学的种子还会发芽吗？

3. 以发展的眼光赏识孩子

赏识教育要求我们要以发展的眼光看待每一个孩子，要看到他们身上的闪光点。俗话说，"世上没有两片相同的树叶"，同样也没有两个相同的孩子，就是双胞胎，在性格智力等各个方面也存在差异。在入园前，每个孩子都来自不同的家庭，他们接受着不同的家庭教育，表现出不同的发展水平，这就要求家长要用耐心、细心和爱心观察每一个孩子，了解他们各不相同的禀赋品性，对其进行因材施教的教育，使孩子的潜能在各自的起点上得到充分发展。家长更应以独特的视角用"美"的目光去捕捉、欣赏孩子身上的闪光点。

4. 以平等的态度，公正的评价赏识孩子

现代化的教育要面向全体，即要求成人要用平等的眼光看待评价身边的每一个孩子。孩子们都渴望得到成人的关注与赞赏，老师和家长的一次点头、一个微笑、一句表扬就如同一场知时节的春雨，赋予幼苗向上的信心和生长的力量。成人的这些不经意的行为举止，在潜移默化中都会深深影响每一个孩子的身心健康。如果老师和家长把欣赏的目光、成功的机会只投向个别孩子的身上，那么，作为"陪衬品"的其他孩子的自尊心和自信心必然会受到重创，对成人的感情也会随之淡化，产生误解和隔阂。因此。这就要求我们要以平等的态度、公正的评价对待每一个孩子，给每个孩子以发展的机会和空间。

六、不要把"赏识"用错了地方

目前，许多家庭和学校都在提倡赏识教育，认为好孩子是夸出来的。的确，作为情感教育的一个主要分支，赏识教育能充分考虑青少年儿童的身心条件和学习基础，及时发现他们身上的闪光点，并通过肯定、期待、表扬、奖励等正面教育手段，展现教育学和心理学有机结合的巨大魅力。相对于传统的挑错教育来说，赏识教育对培养孩子的自信和创新思维有着重要的意义。不过，现实的赏识教育也存在着一些认识问题，影响着赏识教育积极作用的发挥。只有走出这些误区，才能更好地利用赏识、赞美等方法，促进学生健康和谐地发展。

1. 赏识教育不讲原则

在提倡赏识教育的今天，很多家长或老师以不伤孩子自尊为借口充当"好好先生"，事实上这种做法对孩子的健康成长是不利的。

有个孩子，学习不错，就是虚荣心太强。一次做家庭数学作业，家长发现他最后两道选做题没做，孩子说："妈妈，你肯定要问我最后两道选做题为什么不做吧？"妈妈反问道："你不会告诉我你是故意的吧？"孩子根本没有理会妈妈的反问，反而大言不惭地说道："是，我是故意的，我怕给班里的数学课代表增加压力，对于我来说，少做几道题没什么。"妈妈不露声色地说："好，你做一遍，我看一下，你让我心里有点底。"这一说，孩子的脸一下子就红了。他的表现印证了妈妈的猜想——这两道题他根本不会做。究其原因，是因为孩子天天被家庭和学校的赞誉包围着，害怕自己一旦被批评，面子无处可搁，可见，赏识孩子要有原则，不能盲目。

所以，赏识教育并不能当作赞扬教育。如果不顾孩子的实际情况，甚至偏离全面发展、因材施教的真正内涵，一味地盲目肯定，容易使孩子形成不恰当的自我评价，产生不切实际的预期水平，结果欲"爱"反"害"，事与愿违。苏联教育家波洛柯夫曾语重心长地指出："真正的荣誉感和不应得的高度评价是水火不相容的。"如果我们机械地只表扬不批评，只奖励不惩罚，其结果只能与棍棒教育殊途同归，只不过一个是"打杀"，一个是"捧杀"。

2. 赏识教育没有标准

及时鼓励幼儿的正向行为，这样才会有效地强化幼儿的积极行为，从而保持不断前进的动力。但幼儿的发展存在个体差异，要达到奖励目的，必须要有多重标准，尊重幼儿的个体差异。一贯表现不好的幼儿可能和其他的孩子比起来还不够理想，但是较之前的表现已经有了明显的进步，所以及时抓住教育契机，给予鼓励是非常有价值的，即使是同一个孩子，也有自己擅长和薄弱的环节，在不同的方面也要有不同的标准。

3. 赏识孩子缺少"度"

人性最本质的原则就是希望别人对自己加以赏识。特别是孩子，更是需要赏识，但赏识要有节制，要有具体目标，否则"赏识"就是一种不切实际的吹捧，单纯的赏识将养成孩子自高自大的个性。

对于那些有点"不知天高地厚"的孩子，家长应适当地"打击"一下。下棋时别老让着他，赢他一盘，或者对他提出更高的要求，使他感觉到自己能力不足，需要别人的指导和帮助，所以老师也要慎用"赏识"。

"你真棒"、"真聪明"几乎成了家长的口头禅，奖品也发不完，其实这并不是"赏识教育"的全部。赏识教育是对孩子一种由衷的切实的欣赏，可以激发孩子努力的积极性，而不是一味地迎合、吹捧，为迎合孩子的需要而滥用奖赏。

"赏识"不是"对幼儿的吹捧"，而是一种鼓励，帮助孩子建立起信心，愿意大胆地去尝试，从而在不断的失误中慢慢成长为自信自强又会动手动脑的人。但是如果过分夸张地给予鼓励，给予奖励，时间长了，一是会对孩子性格意志方面有不好的影响；二是对幼儿学习习惯也产生不利影响。

在性格意志品质方面，幼儿时期最常见的是沾沾自喜、开心兴奋过头，如果持续的时间过长，可能会形成浮躁、自负、不专心、脆弱等不好的个性品质。反映在学习习惯上的一些不好的毛病就更加直观了。加上家庭教育方面对独生子女的过度保护宠爱，再加上有的父母特别喜欢在人前拿孩子显摆一下，当着孩子的面给他评功摆好，还与别的孩子攀来比去，这会无形中助长孩子逞强的毛病。

4. 赏识孩子不及时

发现孩子的闪光点是赏识教育的关键。在幼儿一天的生活中，家长应以赏识的眼光关注孩子的成长，发现其"闪光点"并以积极的态度欣赏，不失时机地为孩子的点滴进步喝彩。哪怕是孩子做错了什么，也切忌大声呵斥，而应该讲究艺术，语气要婉转而富有启发性，既帮孩子找到不足，又保护孩子的自尊心，这样，孩子才能从家长的态度中敏锐地感到家长对他的热爱与信任，从而使自己充满自信。

5. 认为孩子一好百好

有的家长认为，孩子学习好，在性格和行为方面也一定会好。这是一种典型的"一俊遮百丑"的认识，是在用孩子学业成绩遮盖孩子的整体发展水平，但在现实中，有些家长却把它奉为天经地义的"真理"，而无所察觉和醒悟。这种认识误区会导致一系列不良后果。

首先，"孩子成绩好，在性格和行为方面也好"会给成绩优异的孩子头上罩上过多美丽的光环，就有可能助长孩子潜在的优越感，这种优越感在受到抑制而不能表现时往往会衍生出心理问题，比如标新立异、过度自尊以及自甘沉沦等。因为家长过多的关照、呵护与宠爱，强化了他们与众不同的意识，进而使他们有意识地表现出言行出格以示"独特"与"不同"，而这些言行是否符合孩子日常行为规范或社会道德规范却往往被家长所忽略。

6. 忽视批评的作用

赏识孩子自然要对孩子良好的言行给予赞美、称赞、鼓励、表扬，但赏识并不意味着不要批评。针对孩子言行的不当或错误，家长不能为了赏识而曲解赏识教育的真谛。比如，一个孩子计算 8 加 5 的算术题，却解得 12。教育者倘若不是指出孩子的错误，反而这样表扬他："你的答案很接近正确答案。"或对做错题的孩子表扬说："你错得很有价值，你给我提供一个笑料，谢谢你！"这种"只要表扬，不要批评"的赏识教育，不管出于何种理由，其结果恐怕只能与表扬者的初衷相反。因为错误就是错误，任何掩饰遮盖都是掩耳盗铃、自欺欺人。其实，赏识教育的真谛在于对孩子的充分信任，包括对孩子纠正自己错误的能力，或勇于承担自己过错应负责任的信任。

有的家长认为，现在的孩子自尊心和敏感性强，动不动就"逆反"，因此要尽量少批评，或是不批评。的确，现在的孩子在家里是"宠儿"，在社会上是"骄子"，他们生活在过多的呵护中，耐批评、耐挫折力低。但话又说回来，假如孩子如此发展下去，对他们的今后发展未必是件好事。日本人正是由于意识到如今的孩子较少经受磨难与挫折，所以他们非常注重孩子的挫折教育，故意让孩子经历一些挫折苦难，使他们受些"逆向"关怀。试想，如果一个仅为几句真实客观的评价就有可能伤其自尊心、挫败自信心的孩子，长大后怎能经受风雨、迎接挑战呢？

温室的花朵向来是难以经受得起风吹雨打的，它们不可能像黄山松柏那样，虽栖身悬崖峭壁，却能够傲然屹立；也不会像腊梅花那样，顶住寒风，迎着霜雪绽放。在生活中，人都难免要遭遇些挫折失败。赏识教育的关键就在于使灰心丧气者重新鼓起前进的风帆，在于培育孩子永不言败、永不服输的精神。

7. 把赏识教育视为灵丹妙药

教育是复杂而长期的过程，每一个成功范例的背后都包含着无数心血，而任何教育方式都有它的利弊。专家认为，赏识教育也有"三不宜"。首先，对既缺乏道德义务感，又缺乏学习义务感的孩子不宜一味赞赏。对这样的孩子，虽应适当施加期望效应，但更应让他明确义务要求，端正价值观念。其二，对较自负、易骄傲的孩子不宜过分赞赏，而应更多地提醒他们戒骄戒躁。其三，对自尊心强但学习有困难的孩子也不宜不当赞赏。对这类孩子的不恰当赞赏，很可能反被认为是嘲讽。而不切实际的肯定，不仅会使孩子欲求不得之后产生更大失望，甚至会彻底动摇他们学习的信心。因此对这类孩子既不能过分"赞赏"，又不能随意冷落，更不能弃之不管，应制订切实可行的目标计划，尽可能为他们提供"露脸"的机会，创造成功的条件，让他们体验成功的喜悦，促使他们健康全面、循序渐进地成长。

8. 把赏识教育当作迁就教育

赏识教育强调动机的激发、兴趣的培养，着意轻松、民主、生动活泼的课堂气氛的形成，它有利于非智力因素作用的发挥。然而，有些家长由于产生了误解，把赏识教育变成了只敢热情鼓励，不敢严格要求，因而一味地姑息迁就，甚至回避缺点，回避问题。这种不提要求或降低要求的做法，不利于合格人才的培养。其实，对待今天生活在优越条件下的众多孩子，除了在他们丧失信心或勇气的时候，给予热情鼓励外，还必须意识到，如果他们本身确实存在这样或那样的不足时，更必须严格要求，要求他们在学习知识、增加才干、锻炼身体的过程中，具备排除万难、屡败屡战、百炼成钢的决心与毅力，也就是说要求家长根据"最近发展区"的状况给他们布置一些有适当难度的课题，让他们独立思考、独立完成。

第五章
给孩子足够的尊重

一、孩子要求父母"请勿打扰"

世界著名教育家斯特娜夫人说："自尊心是一个人品德的基础。若失去了自尊心，一个人的品德就会瓦解。"自尊心，每个人都有。孩子，作为一个独立的个体，同样也具有自己敏感的自尊心。

孩子渴望被尊重，被承认。千万不要以为"请勿打扰"这四个字只会出现在宾馆门把手上。实际上，很多孩子也会在自己房间的门把上留下这类话语："请勿打扰。有事请先敲三下，允许，方可进入。"

有一位父亲有一次未敲门就进入儿子的房间，儿子竟恼怒地大声问道："有什么事？为什么不敲门进来！"这位父亲十分伤心："白养这么大了，怎么这样对待我。"

可是儿子在自己的日记中却这样写道："我看书写作业时，有时学着学着，感到背后喘气声，猛一回头，发现爸爸正在偷偷地看我。每当这时，我就觉得自己像做错了事，气得跟他们吵。对他们不敲门进房间我特反感，每个人都要尊重别人的想法，父母也不例外。"

"看"着孩子学习，引起孩子的反感。这件事情表明孩子需要父母的尊重和理解，他们也有自尊。这种现象极为普遍。父母与孩子交流方面的冲突日渐突出。

随着孩子的长大，许多父母对孩子的担心，慢慢转变为不放心和不信任。于是一些父母偷听电话、偷看日记，甚至雇私人侦探"跟踪"干涉孩子的生活。

孩子之所以要求父母"请勿打扰"，根本原因在于父母无视孩子的存在，不尊重孩子的人格与自尊。

一个女孩子在倾吐成长的烦恼时，在写给某青少年心理咨询所的信中写道：

老师，我是一名初二学生，我有一个很大的烦恼，那就是妈妈老是要私拆我的信件。

我有不少朋友，比如小学里的、外面辅导班里认识的、一起排练节目的等等。平时学习太紧张了，我们就写信联系。可是信一寄到家，我妈妈就要拆开来，先看看，然后才肯给我。我说了她好几次，她就是不听。我感到自己已经不再是过去的小孩子了，应当拥有自己的交友领域了，所以我感到妈妈这样做是不尊重我。

那天，妈妈拆看了我的来信后，一边把信扔给我，一边说："哼，你现在什么也不告诉我了，我看你瞒得了我！"天哪！我有什么东西要瞒着她呀！老师，你说我妈妈这样做，我该怎么办？

处于十四五岁花季的孩子，为什么十分反感父母偷看他们的日记、私拆他们的信件，为什么总爱在家中自己使用的抽屉上锁上一把锁？似乎有什么不宜公开的秘密，或者有什么见不得人的事情。父母正是因此而担心。

其实，这是他们独立意识和自尊意识的一种体现。进入青春期的孩子，心理上出现了一些新变化：随着年龄的增长，他们对父母的依赖减少，独立意识强烈，成人化倾向明显，希望别人尊重他们的自主性、独立性；随着生活领域的扩大，知识信息的增多，他们的内心变得敏感起来，感情变得细腻起来，许多想法开始在内心翻腾，原先敞开的心扉开始渐渐关闭，有了自己的隐私；而且，即使有不少话想说，但观点已经与长辈不一致了，于是他们与父母的心理沟通明显减少，转而向"心爱的日记本"大量倾诉内心的"秘密"，或者在信件中诉说内心的感受。

因此，他们往往会把日记本视为不许别人染指的珍宝，并用"锁"勾画出他人不可随意进入的内心世界的"警戒线"。这是独立意识和自尊意识的体现，是孩子走向社会的前奏曲，对处于青春发育期的孩子的身心健康关系重大。然而，有的父母往往出于对孩子的关心和爱护，千方百计地窥视、探测孩子的隐私，没想到这种"爱心"却侵犯了孩子的隐私权，成为阻碍其心理健康成长的绊脚石。

人本来就是群居动物，需要社会，需要与人交往。处于"心理断乳期"的孩子，强烈需要有自己成长的空间，希望别人把他当成人看待。如果这时父母还把他当成孩子，就会引起他们的厌烦，产生对抗心理。

有这样一位父亲，他处理儿子的异性交往问题就非常智慧。

有一天，儿子跟父亲说："爸，本人看上一个女生，漂亮、智慧、善良，我能跟她结婚吗？"

父亲说："好啊，你能看上她，她看上你了吗？"

儿子自豪地说："她也看上我了。"

"那很好，你能被一个女生看中，说明你很了不起；你能看中一个女生，说明你的眼界开阔了，如果你将来想在县里发展，你就跟她继续交往下去；如果你想在市里发展，你将来就应该在市里去解决这个问题；如果你想到省里发展，你应该到省里解决问题；如果你想到北京发展，你应该到北京解决这个问题；如果你想在世界发展，你应该出国解决这个问题。"

儿子听了说："那我就等等再说吧。"

这位聪明的父亲用幽默的方式给了儿子一个重要的人生忠告，而不是用跟踪、调查等侵犯孩子隐私的手段。

孩子大了，心中自然会有不愿告诉他人的秘密。尽管孩子内心世界的秘密有正确的也有错误的东西，但毕竟是孩子成长成熟的表现，也是孩子成长过程中的正常现象。父母对此应该予以尊重，千万不能因为子女不再像以往那样和自己说心里话、有事瞒着自己或给抽屉上锁而心急、焦虑，更不要采取"偷看"之类的方法。

否则，只会给青春期孩子的心灵蒙上沉重的阴影。因为青春期的孩子本来就敏感、自尊，很难忍受别人的误解和偏见。试着去了解他们，与他们沟通、闲聊，加强家庭内部的民主、温馨气氛，才是减少子女对日记本的"感情依赖"，鼓励他们与父母共享心灵的良好方法。

当然，有许多父母其实是怀着一种矛盾的心情翻看孩子日记的——知道翻看日记本是不妥的，但又无可奈何，生怕孩子受到外界不良因素的影响学坏了。那么，注重平时的交流，特别是在充分尊重孩子人格与隐私的基础上，平等对话，交流情感，循循善诱，让孩子主动敞开心扉，恐怕是避免这种矛盾的最好办法了。

至于私拆孩子的信件，更是错误的。因为无论是《宪法》，还是《中华人民共和国未成年人保护法》，都明文规定，公民的通信自由不容侵犯，未经允许拆看他人信件，是违法的，不允许的。

毫无疑问，保护孩子的"隐秘世界"是对孩子的尊重，父母也会因此赢得孩子的敬重和爱戴。那么，父母应该如何对待孩子的隐私和秘密呢？

1．用心了解，掌握孩子的蛛丝马迹

在目前复杂的社会环境中，许多不健康的因素都在悄悄地腐蚀着孩子的心灵。如养成抽烟喝酒的不良嗜好，结交一些不三不四的朋友，晚间外出甚至彻夜不归、早恋等，父母应及时观察和掌握孩子的这些"隐秘世界"的蛛丝马迹，以利于正确的引导。

2．理解沟通，尊重孩子的自尊自由

随着年龄的增长和独立人格的形成，孩子的"保密性"越来越强，如写日记和书信，与同学交往和谈话内容，都不愿主动地向父母透露。这时的父母，可以经常主动地找孩子交谈，达到与孩子情感上的沟通，营造家庭中平等、民主、理解、宽松的行为模式，使孩子感到自己和父母之间不仅仅是血缘上的亲子关系，更是生活中可以信赖的朋友。这样一来，孩子也会愿意把自己心中的秘密告诉父母了。

3．有的放矢，引导孩子健康成长

尽管孩子的自主意识增强，但正确的人生观尚未形成，是非观念不强，缺乏

自我克制的能力，正值成长的心理危险期，所以在处理诸如学业、情感、人际、生活等许多方面，还不可能把握分寸。因而父母在细心观察孩子的思想动态，掌握孩子内心隐秘的同时，要根据其性格、爱好等有针对性地采取措施，培养孩子分辨是非的能力。当孩子有了自己的爱好、理想甚至异性朋友时，更应循循善诱，加以引导。

使孩子在学习和生活中把握自己的思维、生理和内心隐秘，规范自己的品德和人格，使孩子学会如何去辨别朋友、增进友谊、处理矛盾，并不断排除和修正内心隐秘世界中非健康的因素。当然，父母还要允许孩子"保密"，内心的秘密是每个正常人具备的基本内容，从这个意义上讲，尊重孩子的"隐私"，就是尊重孩子的人格。

父母要了解孩子对"受人尊重"的需要，保护孩子的自尊心，尊重孩子的隐私和秘密。

二、不要太强迫孩子做不喜欢做的事情

美国教育家斯宾塞曾经说过："身为父母，千万不能太看重孩子的考试分数，而应该注重孩子思维，能力、学习方法的培养，尽量留住孩子最宝贵的兴趣与好奇心。绝对不能用考试分数去判断一个孩子的优劣，更不能让孩子有以此为荣辱的意识。"

著名的心理学家皮亚杰曾经说过："强迫工作是违反心理学原则的，而且一切有成效的活动，都必须以某种兴趣为先决条件。"

我国童话大王郑渊洁也说过："不要在孩子不感兴趣，还没有能力理解的时候，让他做任何不感兴趣的事情。"当孩子做自己感兴趣的事情时，他往往能够全力以赴；相反，如果父母要求孩子放弃他极感兴趣的事情，做一些孩子不喜欢做的事情，孩子必然会与父母发生冲突。

人人有各自的兴趣与喜爱，不能勉强，也不应勉强。人们常说的"萝卜白菜，各有所爱"，就是说有的人喜欢吃萝卜，有的人喜欢吃白菜，彼此不要勉强。文雅一点的古训是："人各有志。"

对于父母，这一点大家都认识得比较明确。但是对于孩子，有的人，也就是说有的父母在这一点上认识容易模糊了。他们多不愿承认孩子，尤其是孩子也有自己独特的兴趣与爱好。比如，有的父母强迫坐不住的孩子弹琴，以致孩子只得砸断自己的手指来作为反抗。有的父母不顾孩子的抗议，像催命一样催促着孩子写字画画。

这是学习上的不同兴趣与爱好。一个人的不同兴趣爱好还可以表现在生活上的诸多方面。在休息方面，有的人喜欢哼几句戏曲和小调；有的喜欢下棋或玩牌等等。这些都是客观上存在的。你承认也好，不愿承认也好。在今天我们改革开放的多彩多姿的生活里，人的个性和兴趣得到较充分的发展，在服饰等各方面，都有了较大的自由，更是五彩缤纷。这些事情有些父母也逐渐开始认识，但是在对待子女上，他们则常常喜欢用一个陈腐的尺度，认为这只是父母的事情，小孩子不能有或不应有。

人们对有兴趣的事情往往容易全身心投入，最易见成绩；反之，则难得成就。人最可悲的是一生对什么都没有特殊兴趣和爱好，孩子最不幸的是父母凭主观意志扼杀其兴趣和爱好。

然而，生活中总有许多的父母无视孩子的兴趣和爱好，强行剥夺孩子的兴趣，其结果必然会束缚孩子的发展。下面的这个案例或许正好说明这一点：

王明是一个喜欢足球的男孩，在上小学时就迷上了足球，初中以后，他还参加了校园足球队，可王明的爸爸硬是不让他去活动，说是怕影响学习，怕考不上高中，怕……一天，王明决心要说服爸爸，他希望走自己的路。于是王明找出各种理由想说服爸爸。

"不行，不许去！"爸爸生硬的声音传来，王明立即像泄了气的皮球一样，倒在椅子上。拿起书本，他真想大声叫喊："什么柳宗元、陶渊明，什么电流、电阻我都不要！我要踢球！哼！不让我去，我在家里也一样踢。"于是王明在家的门厅里踢起足球来。

这一招果然灵验，妈妈急匆匆地赶来："哎呀，你这个孩子，你就不想想，爸爸不是为你好吗？你不好好学习怎么考高中，考不上高中怎么考大学。不上大学……不上大学哪有好工作……"王明大声地说着："妈妈你怎么就只知道让我考大学，不知道成功的路不止一条。再说，我的学习也不错啊。一星期一次就三个小时，我也应该轻松一会儿啊。"可他爸爸却在一旁说："一星期三个小时，一个学期下来就是多少小时啊！"

王明终于无可奈何了，泪水充满了眼眶，委屈地说："爸妈你们从来都不理解我。初中以来，我就没有出去看过电影、逛过公园，唯一的爱好——足球也不让踢了，我的近视就是这么一天一天地学出来的。"

看着满桌子的参考书，王明的泪水再也止不住了，摘下眼镜，狠狠地扔在床上。爸妈这时似乎被他的话打动了，不再说什么。王明趁机讲下去："就算我去考大学，人家也要多方面的人才，谁要我们这些戴着深度近视眼镜、榆木脑袋的'书呆子'呀！再说，也只有加强身体锻炼，才能适应充满竞争的快节奏学习和生活。"爸爸放下手中的活儿，终于开口了："好吧！以后每星期六可以去踢球，但不能超过3小时。"

这一天王明等了多久啊！他心里想：对于父母以前那些善良的管制，我应当感谢而不能接受，因为，我的生活是丰富多彩的，成功的道路不止一条，我的道路需要自己去走，这样我才能自豪地说：我是幸福的，我拥有了自己的生活。

可见，孩子的发展应当是全面的。父母培养孩子首先要发现孩子的特长与爱好，不能使每一个孩子都变成一个学习的机器，而应当使他得到全面的发展。

有的父母也想尊重孩子的个人兴趣，但往往不知道该如何做才能尊重孩子的兴趣。那么，你不妨按照下面的方法来做做看。

1．承认孩子有爱好的权利

在遇到这种问题时，做父母的就是要承认每个人可以有个人的喜爱和兴趣。作为孩子，他们也有自己爱好和兴趣的权利，自己不应该随便干涉。

2．尊重孩子的喜爱和兴趣

在今天多彩多姿的生活里，人的个性和兴趣得到较充分的发展，在服饰等各方面，都有了较大的自由，更是五彩缤纷。发型、服装只要不是过分怪异，音乐不是下流低级，就应该允许孩子自己选择，当然在承认与尊重的前提下，父母还是可以进行适当地引导，培养孩子高尚的趣味和情操。

3．不要随便干涉孩子的爱好

父母在准备干涉孩子的兴趣爱好之前，不妨先听听孩子的意见，尊重他的选择。现在的父母都希望自己的孩子多才多艺，成为一个优秀的孩子。那么，如果让孩子学，一定要仔细观察，再选择一种比较适合孩子性情及兴趣的才艺。千万不要让孩子一下子接触太多，或强迫孩子学习没有兴趣的东西，破坏了孩子以后学习的信心和欲望。

总之，父母要尊重每个孩子的个人兴趣。要务必记住，孩子的兴趣之苗一旦破土而出，就一定要精心呵护，而不要让其因"杂草"淹没而枯萎，更不要随意破坏。因为"兴趣是最好的老师"，兴趣可使孩子的智能得到最大限度、最持久的发挥。

三、应当像尊重上帝一样尊重孩子

每一个人都渴望得到尊重，孩子也是如此。

捷克教育家夸美纽斯指出："应当像尊敬上帝一样尊敬孩子。"

苏联教育家苏霍姆林斯基说过："如果一个人不能认可自己的存在，就不能在自己心灵里成为主宰者，就不能在生活中确立自己的地位，就不能在人生的道路上自豪地抬起头来走路。"

因此，尊重孩子已经成为许多教育组织的一种倡议。

世界学前教育组织在《童年宪章》中指出：

所有的孩子都不应该受成人剥削，他们的心、脑和身体是属于他们自己的，不能分割。

所有的孩子都有权在安全并有激励性的环境里游玩、成长和学习，不受伤害和烦恼。

所有的孩子都享有他们所需要的一切来充分发挥他们的潜能，从而使他们的头脑、身体和情感都得到健康的成长和发展。

尊重孩子，按照《世界未成年人权利保护公约》所说，就是要尊重孩子的生存权、发展权、受保护权以及参与家庭、文化和社会生活的权利。

一个孩子的普通想法和意愿，应该得到父母的尊重，而孩子的理想和追求，更应得到父母的尊重。

现实生活中，父母往往喜欢为孩子设计理想。从上小学开始，就为了孩子的理想一步步规划好了，甚至想到了孩子以后要上哪所大学的什么专业。为此，父母不顾孩子的爱好和理想，强迫孩子按自己设计的轨道发展，如果孩子有一点没有符合自己的意愿，就对孩子的所有努力和成绩全盘否定，甚至打骂孩子。

作为父母，其望子成龙、望女成凤的心理无可厚非，但是为了孩子能有一个好的前途，而给孩子过大的压力，结果让孩子不堪重负而走向极端，这就太让人遗憾了。

所谓尊重孩子，就应该尊重孩子的理想和追求。父母在培养孩子时，必须征求孩子的意见，尊重孩子的理想和追求，进而理解孩子的理想、知道孩子的真正需要。即使孩子的理想与父母的设计产生偏差，也要平静地与孩子沟通，在尊重孩子理想和追求的基础上，通过商量探讨，让孩子充分理解父母的想法，然后把选择权交给孩子。

父母在尊重孩子理想和追求的时候，还要注意一个问题：不要在孩子建立理想的初期给孩子太多的压力和警示，这样很容易打击孩子的积极性，让孩子轻易放弃自己的理想。正确的做法是鼓励孩子树立理想，并为理想而努力。

我国南北朝时期南朝的科学家祖冲之小时经常受到父亲的责骂。

祖冲之的父亲祖朔之是一位小官员，他望子成龙心切，总是希望祖冲之出人头地。祖冲之不到九岁，父亲就逼迫祖冲之去背诵深奥难懂的《论语》。两个月过去了，祖冲之只能背诵十多行，父亲气得把书摔在地上，怒气冲冲地骂道："你真是一个大笨蛋啊！"

几天后，父亲又把祖冲之叫来，对他说："你要用心读经书，将来就可以做大官；不然，就没有出息。现在，我再教你，你再不努力，就决不饶你。"

但是，祖冲之依然非常不喜欢读经书。他对父亲说："这经书我是说什么也不读了。"父亲听了祖冲之的话，气得伸手打了他两巴掌。祖冲之大哭起来。

这时，祖冲之的祖父来了，当他得知事情的真相后，对祖冲之的父亲说："如果祖家真是出了笨蛋，你狠狠打他一顿，就会变聪明吗？孩子是打不聪明的，只会越打越笨。"接着，祖父又说："经常打孩子，不仅不能起到任何好的作用，而且还会使孩子变得粗野无礼。"

祖朔之无奈地说："我也是为他好啊！他不读经书，这样下去，有什么出息？"

"经书读得多就有出息，读得少就没有出息？我看不一定吧。有人满肚子经书，只会之乎者也，却什么事也不会做！"祖冲之的祖父批评说。

"他不读经书怎么办？"

"不能硬赶鸭子上架。做父母的，首先要明白孩子的理想和追求，不要阻挠，加以引导，孩子才可能成才。"

听了祖冲之祖父的话，祖朔之同意不再把祖冲之关在书房里念书，还让祖冲之跟着祖父到建筑工地上去开开眼界，长长见识。

祖冲之不用再读经书了，他感到非常高兴。

有一次，祖冲之对祖父说自己对天文感兴趣，将来想做个天文学家，祖父对祖冲之说："孩子，我支持你。正好，咱们家里的天文历法书多得很，我找几本你先看一看，不懂的地方就问我。"

就这样，在祖父支持下，父亲祖朔之也改变了对儿子的看法。从此，父亲不教祖冲之学习经书，祖冲之对天文历法越来越有兴趣。后来，成为了一名科学家。

对孩子的理想，父母如果觉得是合理的，就应给予支持。但支持是讲究方法的，应该以充分考虑孩子的心理准备和接受能力为前提。

每个孩子都有自己的理想，但理想的确需要有一个渐进的过程，即从有一个初步设想到牢固树立的过程。在它的萌发之初，需要点拨和引导，需要精心呵护，对孩子的理想，不理不睬是错误的，拔苗助长也是错误的。对孩子刚刚萌发的理想之苗，动辄苛以参天大树般的要求，这无异于拔苗助长。如果父母们都用这样的态度来对待孩子的理想之苗，那么，也许孩子永远也不可能树立稳固理想。

真正的支持应该建立在对孩子的充分理解和尊重的基础之上，必须以孩子的现实准备为前提，然后进行适当的启发和诱导，不是说教，不是命令，也不是趁机提条件。比如，当孩子提出以后想当律师时，你不妨这样说："看来，当律师倒是很不错的。孩子，你说，律师为什么那么好，让那么多人都敬佩不已？不知道他小时候读书怎样？"让孩子自己去思索；或者也可以这样说："想不到你想当律师，这个理想好！我支持。孩子，你想想，当律师需要什么才能？"

很多父母也想尊重孩子的理想和追求，就是不知道该怎么办？那么，你不妨按照下面的方法来做做看。

当孩子对父母的安排表示反感的时候，父母应该充分考虑到孩子的爱好和兴趣。你可以说："告诉妈妈你喜欢哪项活动？"

当孩子对父母表达自己的爱好和理想的时候，应该告诉孩子："你的理想真不错，我支持你，相信通过你的努力一定会实现的！"

总之，对孩子的理想之苗，父母要一点点地培养扶持，要细心浇灌滋润，不要一见小苗，就立即倾盆大雨，或者恨不得让它明天就成为一棵大树，这都是不切实际的。

四、父母和孩子的世界观确实不一样

孩子懂事以后，便开始思考这个世界，思考他所遇到的每一件事，并逐渐产生自己的想法和观点。父母和孩子的世界确实不同，但在孩子成长的过程中，却一直在向父母靠近。他们对父母世界里的事情发表意见和想法，说明他们有了独立的思考意识，这是非常可贵的。

这时，父母应该尊重孩子的想法、理解孩子的心情、倾听孩子的诉说，在孩子想要发表自己的想法和观点时，给予积极的赏识和尊重。赏识和尊重孩子的想法，不仅可以进一步锻炼孩子的思考意识和表达能力，而且可以通过倾听孩子的观点，发现和了解孩子的真实想法，从而纠正孩子成长过程中的一些错误思想。

父母千万不要忽略和压制孩子的想法，即使他们说得不对，即使他们的想法幼稚可笑，也不能嘲笑和打击他们；不要总是以父母的思维来要求孩子，而应该让孩子说下去，允许孩子把自己的意愿和想法表达出来。

美国总统富兰克林出生在一个民主的家庭中，他们住在纽约美丽的哈德逊河谷的海德庄园里。小时候的富兰克林与外界没什么接触，但是，他却在庄园里玩得很开心。

幼年的富兰克林非常幸运，妈妈总是非常尊重他的意愿和想法。在一些非原则性的问题上，妈妈只是给富兰克林提些建议，她完全尊重富兰克林自己的意愿和想法。这不仅促进了富兰克林与妈妈之间的关系，而且使富兰克林从小就非常有主见。

母亲萨拉在富兰克林出世后不久就开始记日记，二十年来从未停止。

在日记上，萨拉记录了富兰克林两岁半时的一件事情：

"有一天，一家人围在餐桌边吃饭。调皮的富兰克林把盛牛奶的玻璃杯边沿咬掉了一大块，我立即将他推出餐厅，从他嘴里掏出碎玻璃片，并严厉地教训了他一通。

当我觉得他已经认错了才让他回到餐桌上来。可是一会儿，他又拿起刚换上来的高脚玻璃杯，闪着调皮的目光假装再去咬它。'富兰克林！你的顺从哪里去了？'富兰克林庄严地答道：'我的顺从已经上楼去了。'"

幼年的富兰克林长着碧蓝的大眼睛，鼻梁挺拔端正，一头金色的卷发，显得英俊、神气，很招人喜爱。妈妈很喜欢富兰克林这头漂亮的卷发，并喜欢用各种服装来打扮年幼的富兰克林。但是，妈妈为他选择的衣服，富兰克林却并不喜欢。

有一次，妈妈想给富兰克林穿带花边的套装，富兰克林大胆地说出了自己的不满。

还有一次，妈妈想说服富兰克林穿苏格兰短衫，富兰克林又拒绝了妈妈的好意。最后，富兰克林和妈妈一致同意穿水手服。

关于这段故事，萨拉在她的《我的儿子富兰克林》一书中这样写道："父母们对于衣饰的品味虽然高雅，可是父母们执拗的儿女却并不喜爱。"可敬的是，富兰克林的妈妈并没有强迫孩子听从自己的意愿和想法，而是非常尊重孩子的意愿和想法。

萨拉是这样解释的："我们从来不曾试图对他施加影响，来反对他的喜好，或者按我们的模式规定他的人生道路。"事实上，富兰克林在这方面确实有很大的自主权。

在五岁的时候，富兰克林忧郁地对妈妈说："妈妈，我不快乐，因为我并不自由。"萨拉想是不是对孩子太严格了，导致孩子反抗对他的管制。于是，萨拉决定多给孩子一些自由。

第二天，萨拉就开始这样做了，她对儿子的日常生活不作规定，让富兰克林自由地做他喜欢做的事情。

富兰克林似乎很高兴，并开始了他的自由生活。结果，富兰克林发现，受人忽视的自由其实一点都不好玩，后来，他又开始了让妈妈安排日常的生活。

事后，萨拉是这样描述当时的情况的："他对我们置之不理，以此证明他对自由的渴望。那天晚上，他成了一个疲惫不堪的脏小孩，累得拖着脚回了家。我们也不问他去了哪里或是干了什么。第二天，他自愿地按平时的日程作息，并且觉得心满意足。"

正是因为萨拉尊重富兰克林的意愿和想法，才使这场母子之间的战争没有爆发，这无疑是萨拉教育的成功之处。

后来，渐渐长大的富兰克林想把自己的卷发剪掉，尽管萨拉非常喜欢儿子的卷发，但她还是同意了富兰克林的请求，把他的卷发剪掉了。

萨拉说："我们想培养他具有独立精神与责任感，而波浪似的卷发确实与这些品质不配。"萨拉非常理解儿子的心情，帮助儿子实现了走向成熟的一步。但是，萨拉保留了儿子的几缕卷发，并把它们与富兰克林幼年时期的其他纪念品放在一起珍藏着。

富兰克林的母亲知道怎样尊重孩子意愿和想法，满足孩子的合理要求，给孩子自由活动的时间，使孩子在无拘无束中松弛一下，尽情地享受童年的欢乐，这对富兰克林个性的发展和良好品格的形成是有好处的。

这个案例告诉我们，在与孩子沟通的过程中，不要总是对孩子说："你这样不行！""我说的话没错，你得听我的！""不听老人言，吃亏在眼前。"而是要经常对孩子说："我认为……你觉得呢？""我觉得这样不太好，因为……""这件事，妈妈的意见是……"这种沟通方法能够充分尊重孩子的意愿和想法，把孩子置于平等的地位。

许多父母也想尊重孩子的意愿和想法，但往往不知道怎样做才能更好地尊重孩子的意愿和想法。那么，你不妨按照下面的方法来做做看。

首先，尊重孩子的每一个意愿和想法，给孩子一个自主决定的机会。尊重孩子的权利，就是要征得孩子的同意，让孩子有选择的机会并且在尊重孩子的基础上给予引导，这也是民主家庭中父母为孩子应当负起的一个责任。

其次，父母在决定之前，不妨先听听孩子的意愿和想法，尊重他的选择。现在的父母都希望自己的孩子多才多艺，成为一个优秀的孩子。那么，如果让孩子学，一定要仔细观察，再选择一种比较适合孩子性情及兴趣的才艺。千万不要让他一下子接触太多，或强迫他学习没有兴趣的东西，破坏了他以后学习的信心和欲望。

赏识孩子，就一定要尊重孩子的意愿和想法。当孩子想要向父母表达他的想法和观点时，父母给他足够的时间和空间，耐心倾听孩子的话语。

当孩子在父母和客人谈话时突然想要发表自己的看法，也不要打击和压制他们。而应该说："好吧孩子，你也来说说你的观点！"

当孩子主动和父母谈起他对某件事情的意愿和想法，也不要不耐烦地敷衍了事，而应该对孩子说："孩子，来，我们一起聊聊。"

五、只有被人尊重，孩子才能获得自尊

当父母尊重孩子的权利，并引导孩子珍惜自己的权利时，真正有益的家庭教育才能开始。

只有被人尊重，孩子才可能获得自尊，并可能学会尊重别人，而自尊和尊重他人是形成健康人格的首要条件。由于孩子还不成熟，自尊意识往往处于萌芽状态，所以，特别容易受到伤害。

所以，父母更应当具有保护孩子权利的意识，给孩子足够的尊重。可以说，是否尊重孩子，将对孩子一生的发展起到重要作用，父母们应该给予特别关注。

按照联合国《未成年人权利公约》的规定，未成年人是指18周岁以下的任何个体。父母说要尊重孩子的权利，是因为孩子从一出生开始就是一个独立的个体，并且是一个权利的主体。他们不是父母的附属物，他们的人格、尊严受到国际、国家和地方各种法律法规的保护。不是因为孩子长大了，有能力了才需要给孩子以尊重。

孩子的隐私权、行使民主生活的权利等等，都属于应受到保护的孩子的权利范围。孩子的权利范围是很广泛的，其中生存权、发展权、受保护权、参与权是孩子的基本权利。

谈到孩子的生存权、受保护的权利，也许父母还比较容易接受，认为孩子当然应该受到成年人的保护，但若和一些成年人深入探讨孩子的发展权、参与权的时候，就会发现，许多成年人几乎不能理解孩子为什么要有隐私权、参与社会事务的权利、行使民主生活的权利等。在一些成年人眼里，孩子生来就是被保护的，而他们作为独立个体所应该享有的尊重，成年人却很难接纳。

传统的观点往往认为，孩子是父母的附属物，你给他什么就是什么，孩子本身并不存在索取的理由。事实上并不是这样，孩子有他应得的东西，比如，受教育的权利；比如，被尊重的权利。

其实，好多时候，父母将成人间的那种处理问题的技巧和方法以及宽容的态度用到孩子身上，就很让孩子感动了。因为成人间可能会容易尊重对方的各种权利，为什么对孩子却不能够呢？因为好多时候，父母对孩子没有尊重意识，因为孩子在被责备后，大多不知道如何来捍卫自己的权利，孩子对父母的决定和误判只能是承受，不管你的决定是正确的还是错误的。

孩子的不加辩驳、不会辩驳，往往使父母忽视了他们应有的权利。因此，在现实生活中，时常发生孩子的权利受到侵犯的事件。也许有的父母会认为，给孩子那么多的权利，孩子还怎么管呢？不是无法无天了吗？

其实，这些担心是不必要的。一个懂得珍惜自己权利的人，比一个不珍惜自己权利的人更容易教育，因为这说明孩子在成长。而且，孩子的权利是在教育孩子怎样更好地做人，而不是教育孩子逃避父母的帮助和指教。

一年夏天，某学校的校长对王艳说，暑期有一个国际海洋夏令营，给她女儿一次参与的机会。校长如此关照，学生父母能不千恩万谢吗？事情就这么定下来，虽然女儿知道后反应平淡。

不久，开始办理夏令营手续。六天活动，交费 1600 元。在当时，王艳知道价格偏高，可还能去砍价吗？只能乖乖如数交钱。

谁知，女儿参加夏令营的事前培训之后，回家宣布：

"这个夏令营是骗人的！六天改五天，又没有多少海洋活动，我不去了！"

"钱都交了，怎么能不去呢？"

"退钱呗，有什么了不起的！"

女儿态度挺坚决。

这件事让王艳有些犯愁。校长给的机会，怎么好意思退？再说，多一天少一天有什么大区别？去了就会有收获嘛。

这种惯性的理由在王艳心中上升的时候，王艳突然意识到，女儿的态度是有道理的，而一味忍让的态度不应让孩子接受，为什么不就势给孩子一次机会呢？

王艳调整了一下心态，平静地说：

"去不去参加夏令营是你的权利。如果决定不去，你要负责向有关老师解释清楚，并办好退营的手续，行吗？"

做父母的人都明白，退营是一件挺麻烦的事，谁办夏令营愿意参加者退出呢？况且，这一次是区校两级参与，又已经到了出发前的培训阶段。不料，女儿却毫不犹豫，一口答应下来。

第二天，女儿办妥了全部退营手续，1600 元钱如数退回。

孩子对自己的权利的意识在幼年时期处于萌芽状态，父母肩负着唤醒孩子权利意识的任务，一定要尊重孩子的权利，并且指导孩子"这是你的权利"，"你可以决定这件事情"。久而久之，孩子的权利意识就会从无到有，从弱到强，就会知道捍卫自己的权利。

父母如何对待孩子的权利，给孩子足够的尊重让孩子得到健康发展？不妨按照下面的方法来做做看。

一是给孩子自主的机会

尊重孩子的每一个选择，给孩子自主决定的机会。尊重孩子的权利，就是孩子的事情要征得孩子的同意，让孩子有选择的机会并且在尊重孩子的基础上给予引导。

二是平等地对待孩子

平等对待每一个孩子。不管他是怎样的孩子，都应该以一颗爱心去宽容地接纳他。不要歧视孩子，以免给孩子的心灵带来伤害。

三是尊重孩子的隐私

父母不要总希望控制孩子的一举一动，要真正了解孩子，必须首先给孩子尊重，承认孩子应该有自己的秘密。很多父母抱着传统的观念，把父母摆在权威的角色。这种不把孩子当一个拥有完整权利个体的错误观念，给个人和社会带来很多不良的后果。

父母进入孩子房间应该先敲门、不要随意翻看孩子的日记等等，把他当一个成人一样尊重。

四是唤醒孩子的权利意识

父母的责任是唤醒孩子们的权利意识，而不是将它扼杀在萌芽的状态。一个明确自己的权利的孩子才会懂得捍卫自己的权益。

总之，我们做父母的，应该学会尊重孩子童真的天性，尊重孩子的权利，才能给孩子一个自由发展的空间。

六、要把孩子当作独立的社会人来养育

尊重孩子的人格，孩子便学会尊重他人。在家里，父母要从小就把孩子当作独立的社会人来养育。这样培育出的孩子，走上社会就能够成为独立的社会人。

许多父母对尊重孩子的人格不理解，小小的孩子有什么人格呢？其实小孩子也渴望尊重，怎么会没有人格呢？所以，认为孩子没有人格的父母，就不会尊重孩子的人格，也就不容易把孩子教育好。

所谓人格是人能作为权利、义务主体的资格。不尊重他人人格就是不尊重他人的权利和义务，也就是父母必须认识到孩子也有自己的权利和义务。

许多父母常以自己的"权威"威慑孩子，甚至动之以武，有时让孩子当众出丑。有时稍不随心，就在孩子身体上烙上自己的手印。

不可否认，父母的愿望是好的，是为了教育孩子成材。但有一个事实父母必须明白：你伤害了孩子，让孩子的人格遭到侮辱，孩子对父母失去了尊重和信任，教育的效果就降低了。

教育专家认为，尊重孩子，同时也是尊重自己。因为只有尊重别人的人，才能获得别人对自己的尊重。这样孩子才会尊重父母的人格，在相互尊重中，教育的效果才会明显。

孩子是需要教育的，不经过长期的科学的教育，孩子不能成为合格的人才。然而，教育只有在尊重人格、维护尊严、保证权利的前提下进行，才可能培养出"人才"来。对孩子人格的尊重，会使孩子更加自尊，有了自尊，才可能自强。

凡破罐破摔的孩子，首先是失去了自尊，为什么失去自尊，因为得不到应有的尊重。

在此，列出某些父母不尊重孩子独立人格的几种表现，以期引起父母重视：

其一是居高临下，指挥一切

父母高高在上，一副威严的面孔，指挥孩子的一切，例如：你必须好好念书，给我考大学；你必须给我上 ×× 班，不爱上也得上，没商量；你的前途，服从我的设计……这样指挥，已经把孩子当成一架"小机器"。

其二是宠爱笃深，呵护备至

爱需要理智，宠爱往往走偏。视孩子为掌上明珠，饭来张口，衣来伸手，吃要高档，穿要名牌。只要求念书，什么活儿也不用干，即使孩子该干、能干的事情，也一律由父母包办代替……在这种状态下，孩子还能学会过正常的人的生活吗？孩子做人的尊严在父母笃深的宠爱中被抹杀了。

其三是训字当头，不许发言

有的父母误把"训"当教育，天天训孩子，有事没事训几句。最令人遗憾的是，不允许孩子解释，更不许提出不同意见，只允许："懂了"，"是"，"我改"。这种情况下，孩子没有了尊严，没有了权利。

其四是滥施惩罚，不顾后果

有的父母不只口头上对孩子进行精神虐待，还滥用惩罚。调查发现，从城市到农村，有 8%~12% 的父母对孩子常常采取打骂的教育方法。挨打的孩子，往往先是害怕，过一段时间就被打"皮"了，更难教育。触及皮肉的结果，可能造成灵魂麻木，或者造成怨恨反抗心理，孩子的人格就会扭曲。

以上列出的几种现象，都是现实生活中存在的。针对以上现象，父母需要认真反思自己的教育思想和施教言行，认真想想"教育者必先受教育"的道理。

苏霍姆林斯基曾说过："教育者只有关心人的尊严感，才能使被教育者通过学习而受到教育，教育的核心就其本质而言，就是让被教育者始终体验到自己的尊严感。"因此，作为父母一定要尊重孩子的人格，不要把孩子当成自己的私有财产。

把孩子当"人"，尊重孩子的独立人格尊严，父母应努力做到以下几点：

首先，清除头脑中的封建家长制余毒，改变"我说你听"、"我打你受"那种支配一切、指挥一切的错误观念。孩子必须管教，但又必须把孩子作为家庭的一个平等成员。父母与孩子，既有"领导"关系，又有"同志"关系。在施教中，要时刻提醒自己听一听孩子的想法。孩子年幼无知，认识可能片面，可能错误。父母了解了，才好有针对性地实施教育。

其次，学会控制自己的情感、情绪。父母对孩子的爱，天经地义，但是绝不能信马由缰，走向极端。任何事情，物极必反。面对孩子，父母应有一种自控意识，保持理智清醒的头脑。即使在孩子令自己特别生气的情况下，也要暗示自己：我如果失控，教育就会失败。

总之，尊重孩子的人格尊严，是每个父母的责任。不论孩子的大小，他们都是实实在在的一个人，这就是说父母要尊重孩子的人格，与孩子平等相待，保护孩子的自尊心，用欣赏的眼光，鼓励性的话语去真诚而积极地评价孩子。

在尊重孩子的前提下，父母要鼓励孩子去承担一定的任务，让孩子拥有自主权、选择权，独立去完成。当预见到任务中可能出现的困难时，父母可先让孩子想办法解决；若完成任务确有困难，父母要采取"帮助而不是替代"的态度，去帮助解决。这对培养孩子的独立性、创造性、不畏困难的精神、健康自我意识等良好个性，有着积极的作用。

七、应该重视孩子的朋友

作为成年人，父母都有一种体会：回忆起童年生活时总感觉非常兴奋，对儿时的朋友更是感到特别亲密，说起与童年朋友一起做的各种趣事，如数家珍。父母自身的经历说明：孩子需要朋友，孩童时代的友谊是非常珍贵的。朋友的缺失不仅使孩子的童年极为孤独，而且对孩子的身心健康极为不利。

因此，父母应该珍视孩子的朋友，通过赏识和尊重孩子的朋友，培养孩子团结友爱、协作互助的良好习惯和健康心灵。

有这样一个案例：

春萍的好朋友静静，经常到春萍家玩。可是，每次静静走后，家里都会变得一片狼藉，玩具扔得到处都是。一次，爸爸对春萍说："千万不要向静静学，你看家里被她弄得多乱，这种孩子没有人会喜欢的。"听了爸爸的话，春萍非常不高兴，噘着小嘴对爸爸说："不许你这样说我的朋友！"说完就闷闷不乐地进了房间。

几天后，静静又来找春萍玩。爸爸立即将静静挡在门外，不许静静进他们的家门。静静委屈地走了，从此再也不和春萍一起玩了。

春萍为了这件事情哭了好多次，还好长时间没有和爸爸说话。

还有一个案例：

孙皓有一个坏毛病，就是自己的东西总乱扔一气，结果到用的时候却怎么都找不到。后来，他认识邻居家一个叫芊芊的小女孩，两个人经常在一起玩儿。孙皓的妈妈发现芊芊非常爱干净，自己的东西也从来都是整理得井井有条。

于是，妈妈问孙皓："你和芊芊是好朋友吗？""当然是啊！"孙皓回答妈妈。"好朋友就应该互相学习，你看芊芊多爱干净，总是把自己的东西收拾得整整齐齐，你能做到吗？如果你做不到，芊芊可能就不会和你做好朋友喽。"

后来，孙皓果然改掉了乱扔东西的坏习惯，自己的东西也收拾得整齐多了。

从上面的两个案例可知：赏识和尊重孩子，应该支持孩子的社会交往、尊重孩子的朋友，这样不仅可以让孩子感觉到父母对他的尊重而更加信赖父母，而且还可以促进孩子之间的友谊和交往，促使他们互相帮助、互相学习。

尊重孩子的朋友对孩子的成长有诸多好处：

首先，可以通过赏识孩子朋友的优点，让孩子在与孩子的交往中主动学习，克服自己的缺点。

其次，尊重孩子的朋友，鼓励孩子与孩子们交往，可以培养孩子的社会适应和交际能力。

在孩子的游戏中，常常通过"手心、手背"的方法决定由谁"当皇帝"、"当大将"、"当解放军"、"当坏蛋"……这是一种简单的机会均等的民主手段，却可以培养孩子"少数服从多数"的民主思想。孩子常在一起玩儿"过家家"的游戏，扮演不同的角色，演绎家庭生活中的各种事件，买菜、做饭、睡觉、扫地以及婆媳妇、走亲戚等等。这是成人社会现象在孩子社会中的折射，孩子在"过家家"中了解了很多社会知识，也锻炼了初步社交能力。

最后，鼓励孩子在与孩子的交往中培养群体意识，可以克服孩子过强的个体意识。朋友之间的群体生活可以克服孩子以自我为中心的毛病，让他们遵从群体活动规则，认识到每个人的权利和义务。如果只顾自己，就会受到朋友们的排斥，其他孩子就会看不起他，不跟他玩儿，将会促使孩子最终向群体规范"投降"。"合群"是人的重要品质和能力，这是父母无法口授给孩子的。

因此，父母应该鼓励孩子交朋友，当孩子有了朋友之后，应该通过赏识和尊重，促进孩子之间的交往。

如果孩子已经交上了朋友，父母要及时给予肯定，比如对孩子说："真高兴你有了自己的朋友，听说你的朋友很棒，你们应该互相关心，互相帮助。"或者说："听说你交的朋友很出色，我很想见见他，你看可以吗？"

如果孩子还没有朋友，则应积极帮孩子寻找。比如鼓励孩子与家附近的孩子一起玩，与同事或同学的孩子一起玩。并适时和孩子讨论他们交往的情况，帮助孩子分析并做出选择。

另外，要欢迎孩子的朋友到家里来。把孩子的朋友当成自己的朋友一样，采取热情欢迎的态度。当孩子来家里时，父母应该说："我们家来朋友啦，欢迎欢迎。"或者"真高兴我的孩子有你这样的朋友，你们能来太好了！"而且要鼓励孩子认真接待，让孩子的朋友感觉到你对他们的支持和赏识。

对于孩子和朋友的交往，父母也不能听之任之，使孩子陷入不当的交际圈。而是要充分利用他们喜欢交往的心理，因势利导，正确地引导和帮助他们建立纯真的友谊。

父母不能因噎废食，还是要让孩子积极参加各项有益的活动，但必须得让他们知道哪些朋友是不该交的。如果你对孩子的朋友某个方面很不满意，就应该当着孩子的面严肃地说出来。当孩子冲着你转眼珠暗示别说时，你不必大喊大叫，而应坚持以清晰、严肃的态度告诉他，哪些行为是不被你赞成的。

怎样才能做好引导孩子交到好朋友，并且尊重孩子的朋友呢？那么，你不妨按照下面的方法来做做看。

1. 让孩子学会选择朋友

父母要有意识地帮助孩子进行择友引导。这样孩子在交友的时候，有了一个大的原则和方向，从而避免陷入交往误区。

2. 培养孩子交往的信心

在现实生活中父母不难发现，当孩子在某些方面有了特长，就会为他结识新朋友提供机会，在交往中增强自信心。托马斯·伯恩特说："友谊建立在共同兴趣的基础上。如果你的孩子朋友不多，那么就努力培养他的多种兴趣。这样，在参加共同活动中，可以逐步建立朋友之间的友谊。"

3. 指导孩子与朋友相处

在孩子交朋友的过程中，父母要不断地进行指导：对待朋友要真诚坦率，以诚相待，严以律己，宽以待人。每个人的性格、情趣各有不同，交往中就要尽量尊重朋友的意愿，主动寻找双方都感兴趣的事物进行交谈。另外，由于每个朋友的心里都有心理敏感区，就要在平时说话、玩笑里，尽量避免刺激朋友的心理敏感点，不要刺痛朋友心灵的"疮疤"。

4. 尊重孩子的交往意愿

在孩子交往过程中，尽管需要父母的指导，但父母也要尊重他们的意愿，让他们有一定的自主权。在选择朋友方面，父母和孩子的意见常常会不一致，只要对方不是品行太差，还是尽量先尊重孩子的意见，然后在他们交往的过程中，进行积极的引导和帮助。父母还应尊重孩子的朋友，欢迎孩子的朋友到家里来做客。父母这样做，既可以表示自己对孩子的尊重，也可以进一步密切与孩子的关系。

总之，赏识和尊重孩子，应该支持孩子的社会交往、尊重孩子的朋友，这样不仅可以让孩子感觉到父母对他的尊重而更加信赖父母，而且还可以促进孩子之间的友谊和交往，促使他们互相帮助、互相学习。

第六章
千万不要给孩子 "贴标签"

一、不要总是抱怨孩子

我们经常可以听到父母这样说孩子："我这个孩子，一点都不争气，学习不用功，在家里做作业慢吞吞的，一点上进心都没有，从来没有见过这样的孩子，我怎么有这样一个孩子。你看某某家的孩子多好，学习用功，学习成绩又好，学习上一点都不用父母操心，我这孩子该怎么办呢？"

我们相信，这些总是抱怨、指责孩子，或总在孩子面前说别人的孩子是天才、别人的孩子是金子的父母，目的是激发自己孩子的上进心，结果却事与愿违。

我们成年人都会有这样的体会。如果我们每天面对的总是批评，我们不仅会失掉自信心，而且工作起来也没有兴趣，对生活的体验都会与受表扬时不同。成人对自我的评价比起孩子来应该说是成熟的，外人的评价对成人的影响尚且如此，对孩子的影响就更大了。一味指责孩子的父母常常犯这样的错误：

1. 与孩子缺少交流

与孩子交流应该是双向的，一味指责则是父母单向批评、训斥孩子，孩子只有听的份儿。这样的教育方式剥夺了孩子的表达权利，或者是孩子根本就没有了表达的欲望。孩子在家庭中无法释放自己内心的想法，孩子会感到没有人可以分担他的想法、问题和恐惧，没人分享他的内心感受，孩子就会感到孤独。

2. 限制孩子多于信任

孩子是不断成长的，今天不能做的事，明天就能做了。父母对孩子成长所做的，应该是帮助而不是代替。父母的责任在于不断地发掘孩子做事情的能力。当孩子感到自己的能力越来越强的时候，他与外界的接触会越来越多，越来越主动。

否定型和限制型的教育方式对孩子过分限制，把孩子的行为决定权控制在父母的手中，孩子不能自己做一些决定，更缺乏与同伴交往的能力，对父母的依赖越来越强，离开父母就不知所措，他就会越来越感到孤独。

当孩子看到父母把别的孩子夸得那么好，而自己却一无是处时，孩子会表现出明显的抑郁，还会产生厌世情绪。

瑶瑶从小学二年级就开始练钢琴，已经十多年了。一方面出于自己的爱好，另一方面一直寄希望于文艺特长能对高考录取有利。一次，瑶瑶正在练琴，妈妈在旁边监督，发现她手形不对，就用一根小棍挑起她的手腕，大声训斥："跟你说过多少次了，手形不对，你怎么总是出错啊？"

瑶瑶马上改了过来，但是不一会儿，手形又不对了，妈妈又大声训斥她。这样很多次，瑶瑶也有点着急了，对妈妈说："我练不好，我不练了！"说完就跑了出去。

其实刚开始练琴时，瑶瑶很有积极性，每天都主动要求练琴，并且很努力。但在妈妈一声高过一声的训斥中，弹琴变成了瑶瑶最讨厌的事情。现在，她对钢琴完全失去了兴趣。

在学习上，平时瑶瑶的妈妈就总是唠叨，说什么"孩子啊，你一定要好好学习，你看你们班某某同学，学习比你强多了，他妈妈和我在一个单位，你学习不如他，在班级学生中的威望也不如他，我在单位里都抬不起来头，你一定要有出息，妈妈的希望全寄托在你身上了"。瑶瑶说："我现在都不知道怎么做妈妈才能满意。"瑶瑶的压力可想而知。

高考的前夕，有一所重点大学承诺，只要瑶瑶的高考成绩超过该省的重点线，就录取她。可是她的成绩没能达到这个分数标准，与重点大学擦肩而过。

由此，瑶瑶的妈妈埋怨不断。她妈妈说："当初我让你一心一意地学习，咱考大学不图文艺特长，而是凭实力、凭本事，你偏偏想走捷径。结果怎么样？你又不比别人笨，要是把那些练琴的工夫腾出来学习，达到省重点线根本没问题。"

"高三开学分班时我就让你学文科，一来轻松些，二来跟理科相比算你的强项。你偏要选理科，说你们学校理科教学水平高，文科不如理科。不听我的话，怎么样？今年要是考文科，通过省重点线根本不成问题，考理科，一差差几十分！"

瑶瑶觉得委屈，也争辩说："我没考好，你把所有的道理都占了。当初你也说我们学校的理科老师强，不是还找班主任交换意见吗？班主任也这么看，你就回来告诉我理科好。现在怎么全都成了我一个人的主意？"

在本案例中，瑶瑶的妈妈像很多父母一样，他们对于孩子出现错误是埋怨和责备。他们经常会在孩子学习一项新事物时，密切注视孩子的一举一动，一旦发现有错，立即十分着急地加以纠正，甚至训斥、打骂孩子，非要让孩子做到分毫不差才行。孩子正值学习阶段，错误在所难免。如果父母只是采取批评、挑剔的态度来矫正他们的错误，无形间将强化孩子的错误行为，甚至让他们产生严重的自卑心理。

所以，父母对孩子应该多鼓励，经常告诉孩子，他是父母的骄傲，他只要努力一定能行。孩子取得成绩时一定要及时表扬，即使对待孩子的错误，父母也应该采取以下方式：

一是不要埋怨

父母如果只是一味地埋怨，致使孩子的心情越来越坏，焦虑不安，严重的会产生抑郁表现。还有些父母只顾自己嘴上痛快，怎么有理怎么说，甚至让话语偏离事实，对孩子很不公正。

二是科学指导

对孩子的盲目冲动心理，要给予指出。有针对性地指导其正常活动。帮助他们理智地超越情感，培育高尚情操。

三是平静对待

有的父母看到孩子的错误，就大肆指责孩子，甚至不分青红皂白地罗列罪名，只要是平时做得不对的、不好的，有关无关的都扯进来。本来孩子心情就很沉重，这时父母非但没帮他们解脱，反而火上浇油，使孩子更加委屈，更加烦闷，甚至感到绝望。这对孩子改正错误不会起到任何作用。

一旦孩子真正犯了错误，父母也应控制感情，切记不要指责和辱骂。关键是不可激怒孩子，使其逆反。父母应该和风细雨，帮助孩子调整心态。

四是把握尺度

在对孩子的教育过程中，父母应把握好度，既不要一味地乱指责，也不能盲目地瞎表扬。在发现孩子有问题时，千万不要再给他贴"标签"。因为，很多孩子自身有了缺点后，他们也感到矛盾、彷徨、痛苦，这个时候你还去给他贴"标签"，什么"自毁前程"啦、什么"完全不理解父母的苦心"啦等等，事实上总是出现截然相反的效果，孩子要么更不理你，更烦你；要么马上离你而去，把他的房门关得更紧；更糟糕的是，有时还会冲着你吼："烦死人！不要你管！"

面对孩子的错误，指责是不能解决问题的，只能增加孩子的心理负担。父母应该把埋怨教训的口气换一换，把指责呵斥且放一边，尝试着换用不同的方式与孩子交谈，努力改进亲子关系，这样才能逐步把孩子引导到正确的轨道上来。

二、对孩子抱着"前途大有可为"的希望

很多父母都有这样的经历，在孩子不听话，屡教不改，或者不认真读书、完不成作业时，气急了，就会骂出一些令人泄气的话来——"你一点用都没有！""你将来也就这样了！""怎么能养出来你这么个废物！""你还想有什么作为？做梦！"

殊不知父母一时的气话，却足以构成对孩子终生的伤害，因为它截断了孩子对自己将来的希望和美好的憧憬。一个人对前途失去了信心，一个没有前途的孩子，他还能好好读书吗？读了书干什么呢？

有社会调查也显示，不少青少年犯罪就是因为在家受到父母的蔑视，而产生了挫折感，于是产生了破罐破摔的想法，自暴自弃。这是因为不论孩子的年龄大小，父母对他们前途的否定，都会对他们造成极大的打击。尤其是稚龄的孩童，父母讲的话，对他们更具有绝对的权威性。即使没有产生什么不良的具体行动，在人格上也会形成极大的负数。

可以肯定地说，一个孩子是在周围人的评价中认识自己，寻找方向，不断前进的。父母对他们的评价至关重要。肯定性评价会使孩子获得愉快的心理体验，产生更好的激励作用；否定性评价会使孩子心理不愉快，一方面可能反思问题，努力改正，另一方面也可能减弱自信，产生自卑。任何一个孩子，渴望被别人肯定的心理需要，都大大超过被否定的心理需要，这就是为什么要父母坚持表扬为主、激励为主的原因。

鹏鹏刚开始学习写作的时候，对自己的能力一点儿也没有信心。当他战战兢

兢地把他的第一篇文章递给爸爸时，爸爸就注意到他眼中的不安，似乎他在等待着爸爸的审判。

"这是你的第一篇作文吗？"

"嗯，老师让我们写的。"

"'我最喜欢的人'，这是老师给你们出的题目吗？"

"对，老师还说，你写了谁，就把作文拿给谁看看。爸爸，你看我写的行吗？"

读完他写的文章后，爸爸发现那的确是篇糟透了的文章：问题没有交代清楚，句子不完整，还有很多错别字。爸爸应该怎样去评价它呢？

由于爸爸感到儿子对写作缺乏自信，爸爸知道不是简单地说一声"不好"就能解决问题。在爸爸沉默之时，鹏鹏流露出忧伤的眼神。可他没有想到，爸爸对他说了一句令人兴奋的话："非常不错，这是你第一次写作，爸爸刚开始写作的时候比你差远了。"

这时，鹏鹏的眼光中闪烁出兴奋的光芒。

不久，鹏鹏把他的第二篇作文给爸爸时，爸爸看到的是一篇不错的文章！

当时，如果爸爸看到鹏鹏的文章不尽如人意，立刻就把他否定了，甚至骂他"笨"、"蠢"，这样就伤了鹏鹏的自尊心，也毁掉了他的自信心。恐怕他以后再也不会动笔写文章了，也就扼杀了他的一种才能。

一个人的前途是很难预料的。今天有许多成功企业家，在三十年前或者二十年前，还是农家子弟。有的甚至在念小学或中学时也是成绩不好的孩子。这是因为一个人的成长，除了主观的因素外，还取决于外部条件和环境，那就是机遇。而一个人的才能又是多方面的，有的人不会读书，但可能精于经营。何况一个孩子？未来的人生道路还很漫长，一个不管现在多么平淡无奇的人，只要对将来抱着"前途大有可为"的希望，就会激起无穷的力量。

其实，很多父母在否定自己孩子的时候都是无心的。有的父母太唠叨、口不择言，这些都成为他们与孩子沟通的障碍。建议父母重新学习"说话"，并注意以下几点：

1. 不要轻易否定孩子

那些轻易否定孩子的父母，只想在孩子面前树立权威却忽略了孩子需要的尊重，交流结果可想而知。

一个孩子曾经这样说："我很喜欢周星驰的片子，他给我带来了很多笑声。可是妈妈每次看到都说我是'彪子看彪子'，真郁闷，以后有什么话我也不对她说了。"很显然，孩子没有得到应有的尊重和期望中的认同，父母的评价只会把孩子从身边推开而不会有什么教育效果。

试想，如果父母不忙着否定孩子，反而能够心平气和地向孩子请教"周星驰是怎样成名的""周星驰扮演的人物有什么共同特点"等，这既会引导孩子进行深入思索又可以使孩子看到父母的"深度"从而产生敬佩之情。

2. 语言中不要含有不良情绪

父母要以积极的心态对待孩子，乐观地对待孩子，孩子才会给父母乐观的回报。有一些父母的每一句话中都包含着不良情绪："他们数学老师很坏""他爸爸也不管孩子""当时别听他们班主任的话好了"……感觉事事很糟，处处不顺。而且这都是别人的责任。这种不良的情绪会传染，孩子会在父母的潜移默化中变得消极起来，并形成外归因的思维方式，这对孩子的成长非常不利。

3. 不要说孩子：没出息

"没出息"，这句话出自父母口中的频率是相当频繁的。这句带着强烈贬损意味的话，不知刺伤了多少孩子的心。孩子也是人，也有自尊心。在孩子的成长道路上，需要来自父母的肯定和赞扬。即使是批评，也应当入情入理，让孩子心服口服，千万不要说孩子"没出息"。

4. 避免语言中的消极心理暗示

心理学研究已经证实，长期的不良心理暗示可以导致孩子认知思维层面的偏离，进而引起相应的心理和行为改变。"我的孩子太笨""她有些自卑了，都不找孩子玩了""他一考试就发烧"……因为孩子对自身状况缺少判断能力，潜意识里很容易认同父母的这些消极说法，父母说的多了，往往会弄假成真。

5. 在孩子失落时支持他

孩子毕竟是孩子，他们太弱小，在他们的人生之中会遇到很多难题，父母应该尽可能地帮助和支持他们。每个人都会有失落的时候，每个人都会有失去信心的时候，只有让孩子充满信心，他才能在未来的人生之中面对一切挑战，才会拥有幸福的人生。每当孩子痛苦和失落之时，做父母的不要忘记对他说："你一定行的，我相信你。"

任何人都有成功，也有失败，失败往往比成功更多。孩子失败了，父母绝不能说"我就知道你不行"之类的话，而是要帮助他从失败中走出来，要多加鼓励。

三、承认孩子永远是最好的

多数做父母的，都会有这样的亲身经历，在街头、角落里，看到或听到这样的话语和场景：父母正对着自己的孩子，大声呵斥，毫不留情："你看你这个孩子，一点都不听话，你看谁谁，他跟你一般大，可人家又听话，又聪明，你什么时候能像人家一样？你怎么就如此不争气呢。"

父母的这种教育方法，容易使孩子产生挫败感，不利于培养孩子的自信心。

第一，对父母树立的榜样孩子从心里是不服气的，也就不会接受。第二，会使孩子永远有够不着的感觉，因为不断会有新的榜样出现在面前。面对这样的父母，心理素质好的孩子也许扮个鬼脸，或赌气不理会，可心理素质差点的孩子，心里就会有一种排斥或逆反心理，即使口中不说，可心里却十分痛恨。

有研究显示，在影响孩子心理健康的因素中，家庭环境和父母的教育方式是最重要的。父母老给孩子树立榜样，总是拿自己的孩子和别的孩子随便比较，这种家庭教育方式相当普遍。在社会心理学家看来，比较在一个人的心理发展上具有两种重要功能：一是认识自己，人都是在与其他人的交往过程中认识自己的，所以，每个人都是以他人为"镜"的。二是确立目标，人都需要在与其他人的比较过程中找到自己的人生目标和努力方向。

可父母这种比较其实是一种盲目的心态，主要表现在三个方面：

一是不了解孩子的发展动力。在孩子成长过程中，作用于孩子心理的有外驱力和内驱力两种，外驱力来自环境，内驱力则是孩子内心深处的需求。孩子在成长中应树立自己的价值观和形成追求的目标，而外在压力剥夺了孩子自身的能动性，使孩子在人生的旅途上成了一名"乘客"而不是"司机"。

二是忽略了孩子成长的个性因素，每个人都是独立的个体，和其他人没有太多的可比性。

三是不懂得不同家庭的养教方式会培养出不同的个体。

如果在比较的过程中，父母对孩子抱有不切实际的过分期望，孩子总也达不到父母的要求，父母就会对孩子否定，进而发展到孩子的自我否定。于是，孩子在成长中遇到困难就会恐慌、退缩，对孩子的心理造成伤害。

马善龙在父母的陪同下走进了心理诊室。在诊室里，最激动的要算马善龙的妈妈，妈妈一说起马善龙的学习就特别激动，"我们做父母的为了什么？舍不得吃舍不得穿的，还不就是为了他吗？可让他自己说说看，他就不给我们争气。你看，我们邻居的孩子，比他还小一岁，学习从来就没让父母操过心！我横看竖看，我们马善龙不比那孩子差到哪儿啊？别人行，他为什么不行？"

　　在咨询过程中，专家了解到，除了在学习上对孩子要求严格外，生活上马善龙的父母真可算是无微不至了。可是，马善龙和父母却怎么也亲近不起来，并且，近来愈演愈烈，他常常顶撞父母，这一次，他竟然和父亲动起了手。

　　事情的起因是这样的，这次月考，马善龙在班上排名15，年级排名68，进入了前100名，总的来说，马善龙应该是进步了。因为上学期末，马善龙在班上的名次是25，年级名次是152。很显然，马善龙这学期进步了。

　　可是，那天下午，满心欢喜的马善龙回到家，却并没有得到爸爸的鼓励，而是被他狠狠地训了一顿："我像你这么大的时候，哪有你这么好的条件呢！可我们为你创造这么好的条件，你就这样来回报我们？你看看人家邻居王强，人家为什么能考第一？你真让我们失望！"

　　"又来了！我就没有让你们满意的时候。你说，你们啥时候说过我好？反倒把王强总挂在嘴边。是不是他是你的儿子，我不是？"马善龙的话激怒了父亲。

　　在与马善龙的单独交流中，医生从马善龙那里得知："我经常都不知道自己在想什么，也不知道自己想要什么？好像从记事起，我的爸爸妈妈就不断地拿别人和我比，尤其在每次开完家长会后。他们既然认为别人好，就让别人做他们的儿子好了。再说我不是不想学好，我也在努力，可为什么我的成绩他们都看不到呢？我甚至都不想再待在家里了，我讨厌任何人。为什么他们都不能了解我呢？"

　　本案例中的家庭关系非常典型，在教育孩子的问题上，父母尽心尽力，出发点也是好的：我们不能照顾他一辈子，他现在不努力学习找个好工作，等我们一蹬腿他怎么办？于是，在实际生活中，为了督促孩子学习，马善龙便顺理成章地成了类比对象。

　　马善龙的父母好像也没有错：我们并没拿那些伟人来和他比，因为太不现实。我只是拿他和他身边的人，和我们都一样的普通人来对比，大家都是头脑健全的人，如果他不行，那我认为是他努力得还不够。可这种比较给马善龙带来的心理压力是父母无法想象的。那么，如何不拿孩子和他人比较，才能不伤害孩子呢？

1. 教孩子学会反问自己

父母要教会孩子自我反省，从而让孩子自己能够找出自己的差距和不足。"我现在各方面表现如何？有什么优点？有什么缺点？跟上个月比较哪些方面有进步？哪些方面有退步？我该怎么办？我有决心再上一个新的台阶吗？我是否应该听取爸爸妈妈的意见？是否征求老师、同学的意见？"

2. 用欣赏的眼光看待孩子

一位专家曾经谈到这样一个奇怪的现象：一次，几十个中国孩子与外国的孩子一起进行某项测验，测验后的分数让孩子分别拿回家给各自的父母看，结果中国的父母看了孩子的成绩后，有80%表示不满意，而外国的父母则有80%表示满意。而实际成绩又是怎样的呢？

实际上，外国孩子的成绩还不如中国孩子。这件事情说明中国的父母习惯用挑剔的眼光来看待孩子，看待别人和世界。而外国父母则习惯用欣赏的眼光看待自己、孩子和世界。所以，父母应该学会用欣赏的眼光去看待孩子。

3. 承认孩子永远是最好的

很多父母望子成龙的心太过迫切，他们似乎容忍不了孩子的暂时落后，往往把自己急躁的心情压迫在孩子身上，但这样做常常会适得其反。要学会欣赏孩子，生命之间是无法比较的，你应该感觉你的孩子永远是最好的、最优秀的。

4. 让孩子显示出能力来

社会对人的能力要求已经达到苛刻的程度，孩子也未能幸免：你会自己系鞋带了吗？你会弹什么乐器？考过几级了……日常生活不可避免地给父母和孩子的生活塞满了太多的"斤斤计较"。那么父母可以为孩子做些什么呢？其实父母能做的并不复杂，无论在学校还是在家里，父母应当发现孩子的特长和闪光点，并帮助孩子将这些长处展现出来。唯有如此，才能树立孩子的信心，使孩子变得更优秀。

　　所以，遇到问题时，父母不妨冷静下来，即使孩子现在还不能让你满意，但要学会等待与忍耐，不要过于心急，要学会多想想孩子的好处，感谢孩子给你带来的幸福和快乐，不要老想他的这不好那不好。调整好心情，少责骂批评孩子，多给予孩子赏识与鼓励，孩子才会有信心继续前边的人生之路，最终获得精彩的人生。

四、告诉孩子，你不比别人差

　　父母要善于发现并肯定和鼓励孩子的闪光点，同时也要为之提供良好环境。只要父母能够发现并及时加以鼓励和肯定，每一个孩子都是大有可为的。可以说，孩子的潜能是否能最大限度地得到发挥，关键在于父母而不在孩子。

　　首先，父母在生活中要善于发现孩子的闪光点。孩子的闪光点是方方面面的。有的孩子对音乐有天生的兴趣，如果孩子对音乐节奏十分敏感，对音乐十分入迷，那么这个孩子可能有音乐天赋，父母应该提供更多的"音乐奖励"，孩子一表现出这方面的兴趣，父母就应该用各种方式进行"奖励"。

　　有的孩子对颜色有很大的兴趣，并且经常在地上、墙上涂画各种东西，那么这个孩子可能有绘画的天赋，父母就应该为他购买画笔、颜色和纸，鼓励孩子画画的兴趣，还应该及时带他去观察大自然的风光，开阔孩子的视野。这些都算是对孩子的夸奖，对于开发孩子的天赋十分有益。

　　其次要善于肯定和鼓励孩子。每一个孩子都具有天生向上的本能和把事情做好的自信。当孩子遇到挫折时，父母应该做的是给予孩子自信；当孩子的成绩跌入低谷时，你只需要告诉孩子一句话：你不比别人差，别人能做到的事情你也能做到。这种发自内心的理解和鼓励，会使孩子正视和迎接困难，孩子也因此有了精神的支柱和情感的依靠。

比如，孩子得了"优"，父母自然要夸他一番，更增加了他的信心。而得"良"、"中"时，可以找找差距，但重要的依旧是夸。即使很差，也要善于鼓励，不要给孩子世界末日之感，多帮孩子找一些原因，关键是要找出孩子闪光之处给予夸奖。在这种时候，千万不能让孩子失去信心。

今年六岁的毛毛性格有些内向，常被其他孩子冷落。因此他不太喜欢出门，闲下来时就给家里的小狗洗澡、梳理皮毛，把学习和生活中发生的事编成故事说给它听。

毛毛的父母担心孩子将来不能与人和谐相处，但转念一想，光着急也没有用，还不如引导孩子把说给小狗听的故事记录下来。毛毛妈妈鼓励毛毛，把记下的故事投到儿童杂志，居然有几篇发表了，让毛毛感到了成功与快乐。不少孩子也开始要求毛毛讲故事给他们听，时间长了，毛毛性格逐渐变得开朗起来。

毛毛还很有环保意识，常把小区里的果皮、纸屑捡起来放进垃圾箱，还几次被小区管理处评为"环保小卫士"。其原因是因为爸爸妈妈对孩子环保方面的肯定和表扬，每当毛毛拿回"环保小卫士"的奖状时，他们都会兴高采烈地夸奖。

毛毛还非常有爱心，他把摔倒的孩子从地上扶起来，帮粗心的阿姨找到丢在角落里的钥匙……看到毛毛帮助人的时候，爸爸、妈妈总会充满喜悦地赞扬孩子："毛毛真懂事，这么小就知道帮助别人，将来长大了一定会了不起！"

在父母的赞扬声中，毛毛一天天懂事了。

从上面的案例可知：尊重和爱是孩子的基本心理需要，由衷地欣赏、赞美孩子，需要父母学会从多个角度发现孩子的闪光点，用发自内心的喜悦感染、打动孩子，使其保持健康积极的心理状态。

当孩子取得成功时，他们期待的是得到别人，特别是父母的肯定与赞许，就像本案例中的毛毛，有环保意识的毛毛被评为"环保小卫士"，他积极性就很高。当孩子受到挫折时，他幼小稚嫩的心灵需要父母的理解和抚爱，这时，父母的热情关怀和具体的帮助，给孩子指出成功的曙光，培育了孩子的自信。

可见，孩子在表现优秀的时候，最期望听到父母的鼓励与肯定。积极的正面肯定，才能使孩子感受到父母发自内心的爱和喜悦，给孩子带来愉快的心理感受，强化孩子正面的表现，促使孩子努力做得更加完美。

1. 全面肯定孩子小小的优点

父母发自内心的赞扬是引导孩子一步步走向真、善、美的动力。父母如果老把眼光盯在孩子的过错上不放，就会心生焦虑，对孩子的教育缺乏耐心与信心，会导致孩子往消极的方向发展。父母在纠正孩子捣乱等错误行为的同时，用心发现他身上的优点，细心捕捉他的每一点进步，及时加以肯定和鼓励。孩子会逐步改掉不良习惯，强化优秀的品质。

2. 欣赏孩子错误中的闪光点

在工作和生活中，成人偶尔也会犯些连自己都难以置信的错误，小小年纪的孩子又怎么能够避免呢？发生这样的事情时，父母一定要保持头脑冷静，客观分析孩子这样做的深层原因。如果孩子是为了获得尊重和肯定而犯的错误，至少有令人欣慰的地方：孩子想听表扬，想要上进。父母要肯定这一点，多找机会表扬孩子，满足他的心理需要，在此基础上引导孩子用正确的方式来获得肯定。

3. 欣赏孩子的与众不同点

世界上没有两片完全相同的树叶，也不会有两个相同的孩子，每个孩子都有自身的特点。这些特点是孩子人格的一部分，简单的斥责和生硬的要求只能激起孩子的逆反心理，把他推向不健全人格的深渊。发现孩子具有负面的性格特点时，父母先要反省自己的教育方式，寻找孩子特殊性格中的积极因素，因势利导，帮助孩子一步步走出狭隘的天地，在人际交往和社会生活中找到更多的乐趣，逐渐成为一个优秀的孩子。

4. 告诉孩子，他不比别人差

心理学研究早已证实：当孩子克服困难受到赞扬时，孩子自信的心理品质可以得到强化，他会更加努力地向这方面的困难挑战；如果孩子经常失败，一旦有成绩父母能够及时地给予表扬，孩子的自信心也能得到加强。

孩子一生下来就在学习，逐渐形成了自己的长处和短处，父母要尽量为孩子创造一种能发挥才能的良好环境，并尽己所能地走进孩子的精神世界，在孩子需要帮助时恰当地教诲、指点、鼓励或奖励，让孩子充分地尝试成功或失败的滋味，在尝试中体验战胜困难或把事情做得更漂亮的快乐，刺激孩子自信心的增强。

让孩子扬长避短，优先发展，是每一个父母的神圣责任。

第七章
告诉孩子，你真行

一、一句话可以改变孩子一生

塑造孩子，最重要的武器是语言。对于年幼的孩子来说，一句鼓励的话可以塑造他的成功人生，一句贬低的话可能毁掉他的美好期望。在日常生活中，父母一句完全不经意的话，往往给孩子造成心灵上深深的伤害。极端情况下，甚至可能伤害孩子的自尊，使孩子对生命失去信心，进而走上绝路，这样的例子如今已充斥报端。有的孩子走上自杀之路，其原因就是因为孩子被父母训斥而感到痛苦所致。

但是，一句温暖的话语，一声亲切的鼓励，也会把孩子从沮丧中拉回来，重新焕发生活的力量，成就圆满的人生。卡耐基小时候是一个公认的非常淘气的坏男孩。在他九岁的时候，他父亲把继母娶进家门。当时他们是居住在弗吉尼亚州乡下的贫苦人家，而继母则来自较好的家庭。

卡耐基的父亲一边向他继母介绍卡耐基，一边说："亲爱的，希望你注意这个全社区最坏的男孩，他可让我头疼死了，说不定会在明天早晨以前就拿石头扔向你，或者做出别的什么坏事，总之让你防不胜防。"

出乎卡耐基意料的是，继母微笑着走到他面前，托起他的头看着他，用纤细的手怜爱地轻轻抚摸卡耐基的头。她看着丈夫说："你错了，他不是全社区最坏的男孩，而是最聪明但还没有找到发挥热忱的地方的男孩。"

继母说得卡耐基心里热乎乎的，眼泪几乎滚落下来。就是凭着这一句话，他和继母开始建立友谊。也就是这一句话，成为激励他的一种动力，使他日后创造了成功的"28项黄金法则"，帮助了千千万万的普通人走上成功和致富的光明大道。因为在他继母来之前还没有一个人称赞过他聪明。他的父亲和邻居认定他就是坏男孩，但是继母只说了一句话，便改变了他的命运。

卡耐基14岁时，继母给他买了一部二手打字机，并且对他说，相信他会成为一位作家。他接受了她的想法，并开始向当地的一家报社投稿。他了解继母的热忱，也很欣赏她的那股热忱，他亲眼看到她是如何用她的热忱改善他们家庭的。

来自继母的这股力量，激发了他的想象力，激励了他的创造力，帮助他与无穷智慧发生了联系，使他成为20世纪最有影响力的人物之一。

在人们的印象中，继母总是一副凶恶、刻薄的形象，她虐待丈夫前妻的孩子，不给吃穿、无故打骂、强迫孩子做繁重的家务活，不让孩子接受正规的教育。而卡耐基的继母却不是这样的。她的可贵之处，就在于她对孩子的肯定而不是排斥。她没有认同丈夫对他儿子的负面评价，相信顽皮的孩子都是聪明的孩子。一句话就能鼓励一个孩子从失落中走出来，或让他从新的角度认识自己，从此改变他的人生。因此，在任何时候，我们都不要吝啬说一句鼓励的话，给一个信任的眼神，做一件力所能及的小事。这对我们并不算什么，但对于孩子来说，却是莫大的信任和关怀，并从中激发出无穷的潜能。

对于孩子来说，父母是绝对的权威，简单的一句否定性的话，就会使孩子产生自己的人格全部被否定了的心情。一受到责备，孩子就会产生再怎么努力也都白费劲的心情，甚至对自己其他方面的能力也完全失去信心。不要说孩子头脑好坏的话，这对孩子的影响很大，就连贬低孩子的容貌——"你鼻子小"、"你皮肤脏"，也容易使孩子丧失自信心，感到沮丧。

无独有偶，日本著名作家川端康成的成长，也说明了同样的道理。川端康成小时候并不是什么文学爱好者，也几乎没有读过什么小说。直到27岁为生活所迫，才想成为作家，之前，他与文学完全没有关系。他对文学产生兴趣，始于他的父亲看了他的信之后，随便说了句"这孩子写东西很好"。川端康成在一部书中回忆说："这句话成了我的支柱。"它鼓励了处于逆境的川端康成，使他的才能得以发挥，并成为广受人们欢迎的作家。可以说，正是这一句话改变了他的一生。

人的能力一旦被认可，进而就会产生要更好地发挥自己能力的心理。特别是当被自己所敬仰的人赞扬之后，其效果就会更大。另一位曾在日本某电视台任少年部部长的江上藤，他自小就对自己的相貌反应强烈。据说是从乡下回来的爷爷，把他从自卑中解救出来。有一次爷爷当着许多人的面说："这孩子招人喜欢，非常可爱。"他心里非常高兴，后来就不断努力给别人好的印象。如果没有他祖父那句话，江上藤可能永远摆脱不了对其外表的自卑感，无论他怎么有才能，也不可能成为著名的评论家。

从上述几个例子中可以看出，家长一句不经意的话常常在孩子幼小的心灵中留下深刻的印象，并有可能影响孩子的一生。因此，为了使孩子有做事的积极性，家长应善于发现孩子的优点，并肯定、赞赏这种优点。而对于其缺点，则应利用暗示的方法，反复强调"你头脑本来就很聪明，只要努力就行"，孩子就会发愤努力。许多父母没有意识到这一点的重要性，遇到情绪不好的时候常常随口就说："你为什么这么蠢"，"你脑瓜真笨"之类的话，就会对孩子起到强烈的负面暗示作用。这种消极的、缺乏逻辑性、蔑视的口气，容易伤害孩子的自尊心。

生活中常常这样，有时一个人的自信往往是通过别人或是一些小小的表扬而产生出来的，最亲近的人一声赞美，立即会令你信心百倍，而一句轻蔑的嘲讽，足以让人信心全无，需要花费很长时间寻找和重建。所以说。最残酷的伤害是对一个人自信心的伤害，最大的帮助是给人以能支撑起人生信念和风帆的信任和赞美。

罗杰是美国纽约州历史上第一位黑人州长。他出生在纽约的一个贫民窟，从小就生活在一种肮脏的、充满暴力的环境中。那是什么唤醒了他的能力而使他走出贫民窟，成为一州之长呢，是信心！

一天，当罗杰又像以前一样从窗台上跳出来，伸着小手走向讲台时，他的老师并没有指责他，而是轻声对他说："我一看你修长的小拇指，就知道将来你准是纽约州的州长。"这位老师并不是一位高明的算命先生，他只是想通过这种方式来鼓励这些贫民窟的孩子，给他们树立信心。然而，这句话却令罗杰大吃一惊，因为他长这么大，只有奶奶让他振奋过一次，说他可以成为 5 吨重小船的船长。

这一次，老师竟说自己能成为纽约州的州长，难道真的会这样吗？这太令人振奋了。于是，罗杰记住了这句话，并对之充满了信心。信心激发出了罗杰的能力，从此，他的衣服不再沾满泥土，说话时也不再夹杂污言秽语，他开始挺直腰杆走路。在以后的 40 多年里，他没有一天不按州长的标准要求自己。51 岁那年，他终于成为纽约州州长。

他在就职演说中讲了这句话——

信念值多少钱？信念是不值钱的，它有时甚至是一个善意的欺骗。然而，你一旦坚持下去，它就会迅速升值。

世上没有一个完人，任何人在生命长河里总有几处败笔，由此遭人非议以至讥笑并不是件可怕的事，最为关键的是人生的信念不能倒，须知在许多时候，成功与我们失之交臂，并不是因为成功不肯垂青我们，而是我们易被环境左右，缺乏主见，惯于屈服，最终放弃了信念。

"良言入耳三冬暖，恶语伤人六月寒"。作为家长或老师，我们应善于观察和揣摩孩子的心态、处境，选择时机有针对性地用"良言"温暖他、激励他：当孩子受窘时，说几句话为他解围；当孩子沮丧时，用热情的话予以鼓励；当孩子疑惑时，用智慧的语言给他提个醒；当孩子自卑时，点亮他的"闪光点"，燃起他的信心。当孩子充分树立起自信心，建立了良好的心态，就能在人生的长河中做到信念永存、脚踏实地，最终步入成功的殿堂。

二、透过孩子的特征看潜质

天才和神童的故事总是我们生活中的热点话题，很多人对那些天资聪颖、才华横溢的孩子啧啧称奇，他们的故事是天赋使然还是后天勤奋的结果？我们如何认识这些神童？他们的成功带给了我们什么？

根据有关学科的研究，人们生来就具备一种特殊的能力。不过，这种能力隐秘地潜藏在人体内，表面上看不出来，我们称这种能力为潜能。这种潜能就是天才。天才并不是我们平常所认为的那种只有少数人才具有的天赋，而是潜藏在每个人心中。只要充分利用这种潜在能力，就能做出不平凡的事业。

人的大脑潜力究竟有多大？许多资料表明，绝大多数人只用了大脑的 3% 左右，据说像爱因斯坦这样的科学巨人也只用了 30%，说明潜能之巨大。英国心理学家托尼·布赞门说过："婴儿出世的那一刻，就真的已经是才华横溢了。仅仅两年时间，他就学会了语言，比任何一位哲学博士都要好，并且，到三岁或四岁时，他在语言方面就是一位能手了。"

从潜能的多样性角度看，每个孩子都是天才，每个孩子都可能成为天才。无论是父母还是孩子自身，都必须改变对天才的看法。也只有这样，我们才能真正造就天才。

如果用以上观点来定义天才的话，就可以这样说："每个孩子都是天才。"

有一个人的朋友是国王，国王送给他一架飞机，一架很小的飞机，但是那个人很穷，他只知道牛车，飞机也只是听说过，但从来没有见过，也不知道飞机是干什么用的。他以为飞机不过是一辆新型的牛车，他用他的两辆牛车将那架飞机拖回来了。

他觉得自己有了一辆外壳漂亮的牛车，显得很高兴。于是，他把飞机当作牛车使用，小飞机当然也可以当作牛车使用，但它速度太慢，因为牛跑的速度很慢，而且牛要休息；还有，很多地方牛是去不了的。后来，这个人发现飞机有一个马达，它可以自己跑，不需要牛来拉，于是他就为它加油，并把它当作汽车使用。

汽车走得很快，比牛车快多了，而且只要有油，汽车基本上可以不用休息。但汽车同样有问题，比如汽车需要道路，很多地方由于不平坦，汽车过不去，如果去一个很远的地方赶上汽车没油了，就成了一件非常麻烦的事情。

不过，这个人开始琢磨飞机的翅膀，翅膀有什么用呢？它的名字叫飞机，是不是可以飞？所以他就进行了尝试，果然飞机飞起来了，不需要道路，它可以飞越大海和高山。一旦腾飞起来，以前在地面上的任何障碍都一下子烟消云散了。

这个故事说明什么呢？它告诉我们：人具有把牛车升华为飞机的潜能。每个孩子都是飞机，他们都可以飞上天空展翅翱翔。但他们经常遇到的是赶牛车和开汽车的人，所以他们经常是被当作牛车和汽车来对待的，如果把飞机当成牛车或汽车，它显然要比牛车和汽车笨拙。他们往往缺乏一双"发现"的眼睛，一旦他们能够遇到一个好的伯乐，都会像飞机一样翱翔于天空了。

说到这里，也许你就会明白：原来我们做父母的，就是那个国王的朋友，孩子就是我们手里的"飞机"。

1. 孩子具备的 7 种天赋

20世纪80年代初，美国心理学家霍华德·加德纳写了一本名为《思想的束缚》的书，书中列举了7种不同的天赋。

（1）语言天赋

这种天赋被现行教育体制作为测量一个人智商高低的标准，它反映了一个人天生的读写能力。因为它是人们收集和使用信息最基本的方式之一，故而被人们认为是一种非常重要的智力形式。记者、作家、律师和教师多半拥有这种天赋。

（2）数学天赋

这是一种处理数字形式数据的能力，显然，数学家就具有这种天赋，而一名训练有素的工程师则要同时具备语言天赋和数学天赋。

（3）空间天赋

这是许多有很强创造力的人如艺术家和设计师拥有的天赋，一名建筑师需要同时拥有语言、数学、空间天赋，因为该专业需要文字、数字和创造性设计三者的结合。

（4）运动天赋

许多著名运动员和舞蹈家都具有此类天赋，这也是很多在学校里学习不好的人具有的天赋，他们通常是通过行为学习的人，也可以说是"动手学习"一族。拥有此类天赋的人多成为机械师或进入建筑业，这类人很可能喜欢木工课或烹饪课，换句话说，他们在观察、感知和行为方面拥有天赋，设计赛车的人就应具备以上4种天赋。

（5）心智天赋

这类天赋又被称为"情商"，比如说，当我们害怕或生气时，我们的心理调节能力如何，通常，一个人不成功并非缺乏知识，而是因为害怕失败。例如，有很多学习成绩很好的人在实际生活中不尽如人意，就是因为他们生活在对犯错误和失败的恐惧之中，很多人挣不到钱也是因为他们对赔钱的恐惧超过了挣钱的快乐。丹尼尔・格鲁曼认为心智智慧是所有天赋中最重要的天赋。心智天赋是控制自己对自己所说话的能力，对我而言就是控制我自己，对你而言就是控制你自己。

（6）交际天赋

这类天才是指能轻松与人交流的人，拥有此种天赋的人多为具有魅力的传媒工作者、大歌星、传教士、政治家、演员、推销员和演讲家。

（7）环境天赋

这类天才总能与人类周围的事物相处甚好，这类人天生具有护理树木、植物、鱼类、海洋、动物和土地的能力。拥有这种天赋的人会成为很好的农民、驯兽者、海洋学家和公园管理人员。

2．透过特征识潜质

天赋潜力能否开花结果，至少在某种程度上取决于机会和训练。综观中外神童，他们对于世界事物有一种特殊的感觉，或者在某一方面具有一定的优势，比如博闻强记，喜欢阅读，热衷于艺术……然后家庭教育加以科学的引导，创造有利的条件顺着自己的兴趣发展下去．在某个领域特定的时候便出现了奇迹。作为家长，你注意到孩子有以下才能特征了吗？

（1）喜欢发号施令的孩子

善于重新排列物品或有条不紊地在学校里负责给全班同学排座位的孩子，他们可能具备强有力的领导和组织才能。

（2）善于理财的孩子

有些孩子可能有这样的特征，如果他们将平时的零用钱积攒起来，他们假期中就将拥有一大笔钱来支配。这些孩子长大后就可能成为商业大亨。

（3）爱刨根问底的孩子

一些孩子总是充满好奇，有时甚至不厌其烦地问问题。如果他们这种特性得到家长的培养和重视，他们极有可能成为记者或者研究人员。

（4）喜欢设计的孩子

这种类型的孩子，如果让他独自待一会儿，他就能够用积木搭建出一座法国埃菲尔铁塔的模型。具有这种才能的孩子是设计天才。

（5）擅长讲故事的孩子

有的孩子喜欢讲故事和写故事。他们的想象力丰富。发现孩子有此种个性的家长要好好培养孩子，因为他们很有可能是下一本《哈利·波特》的作者。

（6）喜欢说话的孩子

有些孩子喜欢同人讲话。他们甚至在上课时也和同学在下面窃窃私语。作为家长，请不要制止他们的行为。他们的行为说明，他们有着特殊的演讲才能，若加以正确培养，有可能成为律师或电视节目主持人。

（7）走路早的孩子

走路本身就是对婴儿大脑发育的良好刺激。有的孩子学走路早，有的则较晚，父母应让自己的婴儿早日学走路、多走路，而不应整天背着抱着。

（8）说话早的孩子

有的孩子很早就开始说话，有的则说话很晚。应早日让孩子说话，说话早能学到比一般孩子较多的词汇，能运用大量的词汇表达复杂的意思。这类孩子大都口齿伶俐、语言流畅、思维清晰、理解能力强。

（9）兴趣广泛的孩子

对外界事物表现出强烈的好奇心。并喜欢刨根问底的孩子，很早就表现出旺盛的求知欲和对学习的浓厚兴趣。随着年龄的增长，其知识不断增多，眼界日益开阔，兴趣逐渐广泛，并对某一事物积极主动去追求。

（10）记忆力强的孩子

有些孩子记忆力特强，超过一般孩子的水平，并且记住的时间维护很久。他们学习速度快、轻松自如，能够迅速地记住老师和家长的要求。

（11）高度关注某一事物的孩子

这类孩子对某一类事物表现出异乎寻常的关注，能够很快地发现问题，并探求问题的来龙去脉。有的孩子对别的事物漫不经心，而对某一事物则表现出浓厚的兴趣，并去专注学习，这样的孩子要注意培养。

（12）比常人活泼、健康的孩子

这类孩子与父母、朋友相处时，比一般人更融洽。日常生活中情绪比较稳定，能独立生活，进取心强。

家长都认为自己的孩子天资聪颖，但在他们的成长过程中，有些孩子的天赋得到了发挥，而有些孩子的天赋似乎消失了，不是被扼杀就是被转入了其他的方向，一旦孩子开始上学，他们的自然天分经常被掩盖。挖掘和发现孩子在某些方面的特长和能力，也就是发现他们的智商所在。

三、一个孩子是否成才，天赋不是主要因素

赏识不仅是一种教育，更是一种心态，源于家长的内心，显于父母的行动。

每一个孩子都有自己的长处和短处，但并不是每一个孩子都有能力把短处变为长处。作为家长或老师，要有一颗宽容的心，不要时时刻刻揭露孩子的短处，这样，孩子才更有信心发挥自己的长处。而家庭中对孩子的责骂，在父母看来是平常的小事，但对于孩子来说，父母每日不休的责骂，使孩子感觉自己好像是到了末日。学校里，老师们也会因为恨铁不成钢而对孩子有太多的抱怨，孩子们却会因此而整日惶恐不安。

要知道，孩子的成长需要肯定，肯定是孩子生命中的阳光。每一个成长的孩子都渴望被父母肯定，被老师肯定，被社会肯定。只要能针对孩子的优点去激励、肯定他，他必然会越变越好，直至成才。

一天，一位老师向他的学生们提了这样的问题："你们还记得上学期我们学了哪些生活小本领吗？谁记得，请举手。"说完，这位老师环顾了教室一周，没有一个人举手，全都是一脸茫然的神情。许久，老师才看到一只小手胆怯地、慢慢地举了起来。原来是一个平时最喜欢举手却总也回答不出问题的学生。如果放在平时，老师也许会对他视而不见，但是现在老师却不能这样做，因为课堂气氛几近僵持了，再这样下去，老师都不知道如何把这节课上完了。于是，这位老师把目光投向那个学生，脸上尽量保持着一抹笑容："就你一个人敢举手，真不错！那就请你来说说看，我们学过哪些生活小本领。"结果，他支吾了半天才说出了两个字："洗手。"老师装作很开心、很满意的样子，笑着对这名学生说："经

过将近一个月的寒假，你居然还能记住一样，真是不错，进步很大！要继续努力哟！"接着，在老师的不断鼓励下，其他的学生也逐渐活跃起来，先后把上学期学过的5个生活小本领说了出来。

这节课僵持的局面最终能够被打破，是因为这位老师没有用责难的态度来对待孩子，而是报以赏识的笑容和肯定的鼓励。如果老师看到没有人举手，甚至过了好久只有一个回答不出问题的人举手，对此勃然大怒，只会使局面越来越糟——肯定没有一个人敢再来回答这个问题了。幸而老师换了一种心态，用笑容和真切的鼓励来渲染课堂气氛，使每个学生都能在轻松的氛围中学有所得。

由此可见，赏识也是一种心态，是事先如何面对孩子的问题。如果家长或老师对孩子充满了信心，这对孩子来说将是无比重要的。对于那些所谓学习"困难"的孩子尤其如此。他们同样有自尊心，同样希望被家长、老师、社会认同。

1. 赏识的话语要真诚

举例说，在一次有孩子参加的家庭宴会上，谈起孩子的教育问题，大概是刚刚看完了关于赏识教育的电视节目，餐桌上奶奶告诫孩子的妈妈："琼琼从小缺乏的就是鼓励，以后你们谁也不许再冲孩子嚷嚷了……来，琼琼，跟奶奶干杯，琼琼真棒！"

这位奶奶能认识到赏识对于教育孩子的重要性是件好事情。可是，这样直白的赏识总让人感觉有很大的虚伪成分在里面，是很不妥的。要知道那个叫琼琼的孩子已经完全能理解家长话的意思了。"跟奶奶干了一杯酒有什么好棒的？其实你根本就没喝干！"没准孩子心里还这样嘀咕呢。

电影《浅蓝，深蓝》中的豆丁，本来遇到了他人生中最严峻的一次挑战——"大王"击败了他，并且夺走了他的朋友，甚至最好的朋友凯文。当他回到家里问妈妈自己是否很优秀时，妈妈的回答就是："我们家豆丁，最棒了！"在家长中间，像这样歪曲表扬，误会鼓励，曲解赏识的家长还真为数不少。他们口口声声说我怎么怎么鼓励儿子，怎么怎么赏识女儿，哪怕是看到一丁点的进步都不会放过赏识鼓励的机会。其实，他们的行为连孩子都看得出来，是做作的。

赏识虽然表现在与孩子做一个亲近的动作上，表现在跟孩子讲的一句赞赏的语言里，表现在给孩子的一个鼓励的眼神中……但是它体现的却是家长对孩子从心底里发出的赞许，从心底里对孩子某些缺点的接纳，而绝不是一句心血来潮掺杂虚伪的赞语。

2. 不要过分夸大或盲目赏识

赏识教育是针对家长自身的一种心态教育，而不仅仅是针对孩子的教育。它外在表现为对人、对事有积极的态度，内在则注重自我成长，克服心中阴影，塑造健全人格。而过分夸大孩子的长处，盲目赏识孩子，则达不到这个目的。

"我们家宝贝一下子就进步了七个名次，下次肯定还能进步十个名次，对吧，儿子，你真棒！"有的家长看到孩子成绩在班上进步了，便及时地表扬加鼓励，其实这给孩子带来的是更大的压力。因为这七个名次的得来，只有孩子最清楚其中的酸楚。

有的家长听到钢琴辅导老师夸了一句"你女儿弹得可真不错"，就抱起孩子边亲边说："我女儿肯定是未来的钢琴家！"高兴得不得了。其实孩子现在正在想：难道贝多芬的妈妈也是这个样子逼他练琴的吗？

像这样的例子，生活中会经常看见。

过分夸大孩子的成绩或者盲目鼓励孩子并不情愿的行动都会让孩子更反感，使赏识教育大打折扣。

卡尔·威特是19世纪德国著名的学者，也是一位令人津津乐道的"奇才"。在父亲的教育下，他八九岁时已通晓化学、物理学、动物学和植物学，尤其是数学，并且能自由运用德语、英语、法语、意大利语、希腊语和拉丁语等6国语言；9岁时考入莱比锡大学；10岁进入阿根廷大学；14岁被授予哲学博士学位；16岁又获得法学博士学位，并被任命为柏林大学教授。他13岁便出版了《三角术》一书，23岁出版了《但丁的误解》一书，成为研究但丁的权威。

卡尔·威特在婴儿时期反应相当迟钝，他所取得的这些惊人成就，全都是他父亲老卡尔·威特悉心教育的结果。老卡尔·威特是一名牧师，教育孩子有一套与众不同的成功经验。后来，他将自己的教子经验写成《卡尔·威特的教育》一书，轰动了全球，被称为"教育奇书"。正是由于父亲的精心培养，卡尔·威特才成为远近闻名的"神童"。但是，父亲却十分忌讳"神童"这个称号，坚持不准别人表扬自己的儿子。

有一次，德国有一个督学官，想考一考小威特究竟"神"不"神"。父亲同意了他的要求，但是事先约定："不管考得怎样，绝不要表扬我的儿子。"督学官是一位长于数学的学者，出了不少数学难题让小威特做，但小威特却相当轻松地解完了这些题目，并且演算正确。见状，督学官止不住赞叹："不简单，简直超过我们的学者！"父亲一听此言，立即纠正说："哪里哪里，由于这半年儿子在学校里听数学课，所以还记得。"

接着，督学官又出了一道大数学家欧拉想了三天好不容易才做出来的难题，要小威特做。谁知，小威特只用了一杯茶的工夫就做出来了。督学官先生高兴地向威特父亲祝贺："你的孩子胜过了欧拉！"威特父亲听了更加不高兴，严肃地说："瞎鸟有时也能啄到豆，这是偶然的。"

老卡尔认为："对于孩子的成长来说，最重要的是教育而不是天赋。孩子最终成为天才还是庸才，不取决于天赋的大小，关键取决于他或她从生下来到五六岁时的教育。诚然，孩子的天赋是有差异的，但这种差异毕竟有限。在我看来，别说那些生下来就具备非凡禀赋的孩子，即使仅具备一般禀赋的孩子，只要教育得法，也能成为非凡的人。"正是由于他的教育得法和谨慎引导，小威特避免了某些被称为"神童"的少年通常要犯的骄傲狂妄的毛病，也避免了历来所见的"十岁神童、十五岁才子、过了二十岁变庸人"的覆辙，使小威特在学问上始终保持向上的劲头。

老卡尔说得对：孩子具有天赋是好事，是难能可贵的。但一个孩子是否成才，天赋不是主要因素，主要因素是后天的勤奋和培养。如果孩子过早陶醉于"天才"

的荣誉中，很容易翘尾巴，停滞不前。其结果，天赋不仅无助于孩子成长，反而会害了孩子。对于这一点，做家长的要十分警醒。

四、孩子受到表扬越多，对自己的
期望就越高

儿童心理学家指出，父母和老师对孩子的态度能对他们学业和人格的发展起很大作用。父母若能不断鼓励孩子，使他们超越自己的限度，便能帮助孩子发挥他们学习的潜力，进而激发他们的学习动机以及自信心。

在大多数情况下，孩子的成功感和自卑感受父母和老师对他们成绩所作反应的影响。受到的表扬越多，孩子对自己的期望就越高，学习就越努力；相反，受到的表扬越少，孩子随之产生的自我期望和努力就越低。

心理学家珀洛克曾做过一项奖惩混合的比较研究。他选择了许多数学程度相同的学生，将他们分为四组：

在给第一组上课时，每次课前都赞扬作业成绩优良者。

对第二组则刚好相反，对他们好的成绩不予赞扬，仅对成绩差者严厉谴责。

对第三组既不赞扬也不谴责，但让他们知道第一组和第二组每天发生的情形。

第四组则控制安置在其他地方，不使他们知道其他三组每天的情形，对他们的成绩既不赞扬也不谴责。不久，受赞扬的第一组和受谴责的第二组的成绩立刻有显著的进步，改进了35% ~ 40%。

第三组的成绩也有进步，但只有一、二组的一半。 如此继续下去，情形却有显著变化。受赞扬的第一组成绩进步到 79%，受谴责的第二组和不受奖惩的第三组的成绩又低落下去，隔离的第四组的成绩也有轻微降低，但不明显。

上述实验的结论是：当一项行为带来满意或鼓励的结果时，该项行为则保持继续增强；反之，如果行为结果得不到鼓励，或受到惩罚时，行为人将会因沮丧而不再继续自己的行为。这说明了肯定意义的赞扬和否定意义的谴责对学习产生了影响，更重要的一点，实验表明了谴责和惩罚的真正性质。

从短时间看，谴责好像与赞扬有同样效果，但从长时间看，可知赞扬的效果要大得多。所以，对孩子应予以足够的肯定，责罚只宜在适当的时候用一下，而不能当作提高学习效果的武器。

在这些理论思想的指导下，在美国的学校，开设了许多名目繁多的奖项，用来鼓励学生的学习成绩，肯定学习的成就，只要是能推动学生努力向上的奖项，校方都在变着花样推出来。不论学生在哪方面有点小本事，又愿意比别人多努力一把，就总能找到得奖的机会，只要是有价值的才能和行为，总能受到赞赏和激励。在这样的环境里培养出来的学生总是显得那么自信。

教育心理学有一个重要的概念，即"成就需要"，它是促进孩子充分发展潜能的重要动力之一。如果孩子没有这种需要，他们的潜能就难以被充分发挥出来，他们本人也就难以成为具有健康人格的人。

从理论角度讲，教育者的任务应该通过各种方式来培养孩子的"成就需要"，然而传统的教育方法却提出被教育者需要不断地敲打，正所谓"优点不说跑不掉，缺点不说不得了"，这是一种片面的认识。

哈佛大学的罗森塔尔博士曾在加州一所学校做过一个著名的实验：

新学年开始时，罗森塔尔博士让校长把三位教师叫进办公室，对他们说："根据你们过去的教学表现，你们是本校最优秀的老师。因此，我们特意挑选了 100 名全校最聪明的学生组成三个班让你们教。这些学生的智商比其他孩子都高。希望你们能让他们取得更好的成绩。"

三位老师都高兴地表示一定尽力。校长又叮嘱他们，对待这些孩子，要像平常一样，不要让孩子或孩子的家长知道他们是被特意挑选出来的，老师们都答应了。

　　一年之后，这三个班的学习成绩果然排在整个学区的前列。这时，校长告诉了老师们真相：这些学生并不是刻意选出来的最优秀的学生，只不过是随机抽调的最普通的学生。老师们没想到会是这样，都认为自己的教学水平确实高。这时校长又告诉了他们另一个真相，那就是，他们也不是被特意挑选出来的全校最优秀的教师，也不过是随机抽调的普通老师罢了。

　　这个结果正是博士所料到的，这三位教师都认为自己是最优秀的，并且学生又都是高智商的，因此对教学工作充满了信心，工作自然非常卖力。教学结果自然非常出色。

　　根据心理学的原理，一个孩子对自己的态度都是在早年生长环境中形成的，如果这个环境对孩子是肯定的、积极的、尊重的，孩子也会形成自信的、尊重别人的性格。反之，如果一个孩子在长期责骂和不信任中成长。那么在成年以后，则会对自己没有信心，对环境缺乏安全感。

　　每一个成长中的孩子都渴望得到肯定。责骂，在父母看来是平常的小事，但若责骂不休，便是孩子的"世界末日"。孩子的成长需要肯定，肯定是孩子生命中的阳光。有的父母虽然明白"责骂孩子不好，肯定和夸奖才会使孩子变得更好"的道理，可是自己却做不到。眼看孩子不用功学习，甚至捣乱，不骂他反而夸他，这的确很难做到。此刻最重要的是必须充分地理解孩子，相信孩子。

五、孩子渴望被肯定

　　有一位教育工作者说：如果有人问"今天孩子最渴望什么"？我的回答是"渴

望赏识和肯定"。如果再问"今天的孩子最缺少什么"？我的回答仍然是"缺少赏识和肯定"！

一位年轻的妈妈讲了一件令她沮丧的事：上小学二年级的女儿很调皮，经常挨老师的批评，从未受过表扬。一天，女儿兴冲冲地跑回家兴高采烈地对她说："妈！今天老师表扬我啦！"妈妈喜出望外，忙问："老师都表扬你什么啦？"女儿说："老师表扬我的检讨写得不错！"这位妈妈一听，差点把鼻子气歪了。

从这个例子来看，孩子的心灵像干枯的小苗，渴望被肯定，渴望得到积极的评价。

也许有的父母担心：一味地肯定孩子，会使孩子禁不起批评和挫折，会令孩子很在意别人怎么看自己，结果影响了孩子的发展。这种想法的产生，是因为没有把鼓励和表扬区别开来。鼓励与表扬有很大的区别。表扬是把注意力放在孩子身上，而鼓励是注重孩子所做的事情以及得到的满足感和成就感。有些父母认为鼓励就是说好听的，或者是简单地戴高帽子。其实，这样做往往会引起孩子的反感。

肯定孩子，就是给孩子搭建成长的平台。一位名人认为，现代人类最本质的动力不是追求物质与器官的享受，不是满足生理上的需求，而是满足成长的需求和发挥个人最大的潜力。做父母的对孩子最大的期望，应该是让孩子有一个完整幸福的人生。无论他将来从事什么职业，有多少收入，只要发挥了自己的最大潜力，实现了自己的人生价值，做父母的就尽到了自己的责任，就应当为自己的孩子感到骄傲。

在孩子自我意识形成的时刻，父母的看法会给孩子留下深刻的印记。可以说，孩子是通过父母的眼睛在看自己，如果父母能够用鼓励、欣赏的眼光看待孩子。那么孩子的潜力将能得到最好的发挥。

成人的赏识眼光，能使孩子创造奇迹。一个孩子住在山沟沟里，人们都夸他勇敢，他也自觉不自觉地把自己当成勇敢的人。第一次过独木桥时，那座独木桥很高，虽然两边有护栏，还是令人心惊胆战。刚走上桥，他很害怕。几次上桥又退回来。这时，他的爸爸对他说："你行，想过就过去吧！"他走上桥，心里想着"我不怕，我能行"，一步一步地，勇敢地走了过去。可见，父母认为孩子是"行"还是"不行"，对孩子一生的影响的确很大。

父母的赏识与放手，对孩子发出的是"我能行"的正确信息，使孩子慢慢建立起"行"的意识；父母过度的担心和保护，对孩子发出的是"我不行"的负面信息，使孩子真的认为自己"不行"。孩子"行"与"不行"，很大程度上取决于小时候父母和老师如何看待他们，是为他们鼓气，还是给他们泄气。每个孩子都有很多潜能，潜能的发挥与成人对他们的赏识是分不开的，投以欣赏的眼光，兴趣才有可能转化为特长，孩子就会创造出奇迹。

当然，孩子的自我意识也很重要，让孩子从小学会正确认识自己，相信自己，不要太在意别人的看法，才能顺其自然地发挥自己的能力。同时，在孩子对某件事萌发兴趣时，父母和老师不应是挑剔者，而应是会喝彩的观众。如果整天挥舞着"大棒"跟孩子较劲，还不如不让孩子上学。赏识，是激发孩子兴趣最好的营养剂，挑剔、训斥、打骂也许能培养出琴师，但绝对不会培养出艺术家。因为天才是强烈的兴趣和顽强的拼搏创造出来的，只有浓厚的兴趣才能使人成为这个领域的拔尖人物。

六、千万不要用否定的语言打击孩子的自信心

一位热爱音乐的青年，在音乐创作的道路上摸索了许多年，进步却很小。他经常怀疑自己是否有音乐天赋，对未来前途感到十分迷茫。为此，他去拜访柏辽兹，希望这位大作曲家指点迷津。

　　青年人演奏了一首自己创作的曲子后，诚恳地问："柏辽兹先生，您认为我适合从事音乐创作吗？"

　　柏辽兹听得出来，青年人的演奏虽然很熟练，但缺少某种灵感。一个学过多年音乐创作的人，仅仅达到这个水准，可不是缺少天赋吗？因此，柏辽兹坦率地说："年轻人，我毫不隐瞒地对你说，你根本没有音乐才能。我之所以痛快地对你下结论，是为了让你趁早放弃，另寻出路，免得浪费青春。"

　　青年人一听，此言正好证实了自己的疑惑。他大失所望，带着羞愧不安的心理向柏辽兹告辞，然后低着头，走了出去。

　　柏辽兹的话刚出口，便感到懊悔：这对青年人的自尊心和自信心是一个多么大的打击呀！再说，他那番话未免太绝对了，一个人的天赋有欠缺，可以用勤奋弥补，即使达不到极高的境界，也会有出息的，为什么要叫人家放弃呢？因此，他决定采取补救措施，挽回青年人的自信心。

　　柏辽兹打开窗户，看见那个青年人正垂头丧气地走在街道上。他从窗口探出头，叫住青年人说："我不改变刚才对你的评论。但是，我有必要补充一句：大师们当年对我也是这么说的。记住，你和我当年一模一样。是的，一模一样。"

　　青年人闻听此言，顿时精神大振，重新树起了信心。多年后，经过刻苦努力，他终于成为一个知名的作曲家。

　　这个故事告诉我们，千万不要用否定的语言打击别人、伤害别人的自信心；而应用赞美的语言、鼓励的语言，激起别人的勇气和力量。要知道，一句过激的话，也许就抹杀了对方的积极性，甚至影响他的一生。常见许多学生在一起打闹，彼此说出一些贬低对方的话。虽然是开玩笑的话，也会无形中增强对方的自卑感。

　　自信心强的人，对自己的能力充满信心，相信自己存在的价值，相信自己获得成功的能力，认为自己是受欢迎的人，因此往往敢说敢干，易于实现自己的愿望。自信心的强弱对一个人的事业和生活都有重要的影响，而且会影响到其他心理素质的发展。从家庭教育的角度来说，渴望赏识与关注是每一个孩子的心理需求。孩子只有得到赏识，才能拥有自信，拥有了自信，才有利于激发孩子潜在能量的发挥。让每个孩子都不断获得成功，不断积累成功的经验对孩子自信心的建立和心理健康的发展有着重要意义。

1. 告诉孩子：你真行

赏识是促使一个人将自身能力发展至极限的最好方法，是孩子不断追求成功的"金钥匙"。赏识教育就是通过激励、表扬手段，肯定孩子的优点、长处，鼓励他们不断追求成功。

有一次，妈妈带四岁的瑾瑾到公园玩。瑾瑾高兴地在公园的草地上跑来跑去，像一匹脱缰的小马。一会儿，他跑累了，就躺在草地上，打起滚来。突然，听到瑾瑾尖叫一声，妈妈赶快跑过去，只见他脸蛋都吓白了，一把抱住妈妈，惊恐地叫道："一条虫子，我害怕！"妈妈走近那块草地，仔细找了半天，才看见有一条几厘米长的绿色虫子。

妈妈把虫子捏起来，放在掌心里，然后对儿子说："这条虫子没有什么可怕的，它不会咬人，是条草虫子。"

听到妈妈这么说，瑾瑾才敢凑过去，仔细地看着虫子。

"来，把虫子捏起来。"妈妈说。

瑾瑾一听，吓得倒退了两步，一边摆手一边对妈妈说："我不敢，我不敢！"

"不用怕，你是个男子汉，还害怕一条小虫子？"妈妈鼓励瑾瑾。

瑾瑾听到妈妈的话，鼓起勇气走过去，小心翼翼地用手碰碰妈妈手心里的虫子，见它没什么反应，慢慢地捏了起来。

"瑾瑾真是好样的！"妈妈高兴地对瑾瑾说。这时，瑾瑾看着被自己捏在手中的虫子，也高兴地笑起来。

孩子越小，越需要外界的赏识和鼓励。就孩子的无形生命而言，他们仿佛是为了得到赏识而来到人世间的。将赏识当成一种生命需要，是赏识教育的理论基础。赏识不仅是父母的思想观念和方法，也是一种思维方式、信念以及心态。观念方法的力量是有限的，一旦把赏识升级为思维方式、信念和心态，教育就会呈现出不可思议的成果。

然而，对孩子的激励教育，并未引起家长的足够重视。"棍棒底下出孝子"，"孩子好比一棵树，不修不剪不成材"，"错误不批改不了"，这些传统的教育理念和思维定式影响了一些家长。某小学曾对100名学生进行了一次有趣的调查：当孩子在家里做事时，家长对孩子说"你能行"的时候多，还是说"你不行"的时候多？结果表明，许多家长对孩子说"你不行"的次数要比说"你能行"的次数多得多。

家长经常说孩子这也不行那也不行，使孩子感到非常苦恼。有一个小学生在作文中这样写道："妈妈总说我不行，我学骑车妈妈说不行，会摔着；我学炒菜妈妈说不行，会烫着；我学游泳妈妈说不行，会淹着；我学滑冰妈妈说不行，会崴着。不行不行，我什么时候才能行？"如今，时常有中学生、大学生自杀的报道见诸报端，有识之士也多次对社会、对教育部门提出了警告，在我们的教育中必须加强"赏识教育"。现在的孩子是一个高智商、高自尊、高敏感的群体，赏识教育是一种承认差距，允许失败，符合生命成长规律的教育，能够发掘孩子的生命潜能。

2. 以成长的眼光看孩子

西奥雷尔是瑞典著名的生物化学家，他的父亲是一名外科医生，很重视对儿子的培养。一天，在放学回家的路上，小西奥雷尔忽然听到一个女同学大喊大叫的声音。他跑过去一看，原来是一只大虫子从树上掉下来，正好落在女同学的脚下，把她吓了一跳。这条虫子花花绿绿的，还长着一身毛呢。

"真恶心！"同学们纷纷捂起了鼻子，逃开了。

小西奥雷尔没有走，他呆愣愣地盯着这条不断蠕动的虫子，忽然想道：这条大虫子的内部结构是怎样的呢？嗯，干脆我把它带回家去，解剖一下就知道了。

于是，他捡来一片大树叶子，把虫子包起来，准备把它带回家。同学们看到他这样做，都皱起了眉头，认为小西奥雷尔太不讲卫生了，让他赶快把虫子扔掉。

小西奥雷尔摇了摇头，坚持要把虫子带回家。回家后，他把虫子放在桌子上，拿出剪刀，准备动手解剖。可是，到底如何解剖它呢？是从头开始，还是从尾巴开始？是先剖肚皮，还是先剖脊背？他举刀未定，迟迟下不了手。

这时，父亲刚好下班回来了。他看见小西奥雷尔的样子，不满地问："儿子，你把这只脏兮兮的东西带回家干什么？"

"我……"小西奥雷尔看着父亲，嗫嚅起来，"爸爸，我想解剖这只虫子，看看它的内部结构是怎样的。"

"你想解剖这只虫子？好哇。"父亲高兴了。

"可我不知道怎么解剖它。爸爸，你可以教教我吗？"

"当然。你这么喜欢研究，我很高兴，怎么会不教你呢？来，看看爸爸怎么做。"父亲拿出工具，开始做示范。

从此以后，小西奥雷尔在父亲的帮助下，开始解剖各种昆虫和小动物，对动物内部结构越来越熟悉，为以后从事生理科学的研究奠定了良好的基础。

然而，有的家长却在无意中限制了孩子的发展。他们总以"你还太小，等长大一点才行"之类的话来搪塞孩子。家长过多地干涉孩子的决定，只会滋长孩子的不自信，造成对自己怀疑和对父母依赖的心理。家长应当明白：有些事情，孩子已经完全有能力驾驭了。即使放手让孩子去做的某些事情失败了，也未尝不是一件好事。因为孩子在遭受挫折中，锻炼了胆量，总结了经验教训，孩子会因此变得更加坚强，面对未知世界的各种不测不会手足无措。因此父母应放手大胆地让孩子去尝试，不要害怕失败，要让孩子在挫折中接受教育。

3. 真诚赞美孩子的正确行为

孩子都希望自己能够引起别人的注意，孩子愿意得到父母的表扬，也愿意忍受父母的批评，而最不希望自己被父母忽视。父母常常因繁忙的日常生活而忘记了表扬孩子的优点，也忘记了在孩子困惑时帮助孩子一把。相反，他们只有等到孩子犯错误之后才去关注他们。事实上，有些孩子有时是通过犯错误来引起父母关注的。

父母应该懂得去发现孩子的正确行为，而且予以重视和嘉奖。这话听起来很简单，但在实际上却需要投入一定的耐心和爱心。因为稍不留神，父母就会在孩子表现良好时候漠然处之。

不是聪明的孩子被夸奖，而是夸奖使孩子更聪明。在适当的时机，适当的场合，可以从多个角度夸奖孩子，以唤起孩子的自信心。当孩子办好一件事就给予真挚的赞美，比其他任何方式都更能激励孩子热爱生活和取得成就。

4. 努力强化孩子的自我肯定

自卑情绪严重的孩子，心中的自我肯定往往是脆弱、飘摇不定的，极需要得到外界经常不断地强化。强化孩子的自我肯定方法很多，如：可以让孩子为自己准备一本"功劳簿"，让孩子每周花几分钟时间写出（或画出）自己的"功劳"，并告诉孩子，所谓"功劳"，并不一定非得是了不起的成就，任何小小进步，以及为这种进步所做出的任何小小努力，都有资格记载入册；也可以为孩子准备一些小小的奖品（如画片、玩具、小人书等），每当孩子做出了一点成绩，或一件令他自己感到自豪的事情，就有可能获奖；还可以教孩子学会以"自言自语"的方法不断对自己作出赞扬。当孩子遇到困难正踌躇畏缩时，不妨鼓励他自己给自己鼓劲："来吧，小朋友，你可是一个不怕失败的好孩子，再做一次努力吧！"

七、这世界上没有教不好的孩子

在孩子的成长过程中，赏识是孩子乐意接受并能让成人走进他们的心灵、让他们在快乐中成长的教育方法。因为孩子能敏锐地感觉到成人对他们的态度。成人的态度是孩子对自身言行作出价值判断的依据，赏识是激发孩子内心张力不可缺少的外部驱力。赏识是一种理解，是一种激励。在孩子的成长过程中，赏识孩子是促使他们能将自身的能力发展至极限的最好方法。

赏识导致成功，抱怨导致失败。1986 年获得诺贝尔文学奖的尼日利亚著名戏剧家、诗人和小说家索因卡，出生在一个戏剧之乡。有一次，一个剧团正在演出，最先出场的是一个比索因卡大不了多少的演员。这个演员是一个名角，刚一出场就赢得了观众的掌声。但是，这次他没有很好地发挥，他的嗓音沙哑，眼神呆滞，刚表演片刻就晕倒在地了。演员晕倒了，戏就不能进行，这对剧团来说是一个莫大的损失。可是，一时又没有合适的演员替代，把团长急得团团转。此时的观众席里，口哨声、尖叫声、讥笑声响成一片……

台下，小索因卡和父母一起等候看戏。这时，周围认识他的人对他开玩笑说："索因卡，你去试试，保准行。"

小索因卡心中一动，他想：对呀，这个剧目我早就熟悉，台词也烂熟于心，何不去试试，肯定不会冷场。

渐渐地，周围的人不再是开玩笑，而是认认真真地向他提议，让他去试试。小索因卡扭头看了看父母，希望得到他们的支持。父亲微笑着说："孩子，我看你行！如果你有把握，就去试试吧。"

"爸爸，我真的能演得好吗？"小索因卡有些犹豫。

"不管怎么样，试一试还是有好处的。没关系，你平时在家里独自演戏的时候，不是很精彩吗？"父亲对他说。

于是，台下便有人冲台上喊道："演员已经有了，请欢迎索因卡上台表演。"小索因卡便在人们的簇拥下走上了台。

小索因卡尽管开始有些紧张，一旦进入了熟悉的舞台，看到熟悉的布景，就忘掉了周围的一切，全身心地投入到演戏情节之中。他的动作越来越娴熟，感情越来越投入，一下子征服了观众。

从此，小索因卡对戏剧的爱好更强烈了，知名度也越来越高。长大以后，他仍然丢不掉戏剧，最终成为一位杰出的戏剧作家。

这世界上没有教不好的孩子，就看你会不会使用"赏识教育"这把开启孩子心灵的金钥匙。不少孩子有这样的体验，因为在某次考试中考出了好成绩，从此就爱上了该门课程；反之屡遭失败，就可能引起孩子对该门课程的厌恶。可见，成功意识对青少年的成长多么重要。

20世纪初诺贝尔和平奖获得者路易·诺勒，被人称为"20世纪初国际间唯一权威公判人"。他之所以能够取得巨大的成就，在很大程度上取决于母亲的鼓励与期望。小诺勒早年丧父，母亲对小诺勒给予厚爱，同时也寄予厚望。她对孩子总是情深意切，循循善诱，利用一切机会，用孩子可以理解的语言启发他，教育他。

由于母亲的教育与熏陶，诺勒自小就对社会不公正现象深恶痛绝。他考入大学法律系后，就决心做一个不畏强暴，不怕权势，宁死也要维护法律尊严，为人民伸张正义的律师。

与此相反，有一位父亲，大学毕业，从事教育工作，孩子都非常聪明、可爱、活泼。可叹的是这位爸爸有个致命的弱点，怎么也不相信自己的孩子有潜在的能力，稍不遂他意，孩子就要经受打、训。更要命的是没完没了的唠叨："天生不是成才的料。"结果弄得孩子失去了信心，柔嫩的心灵抵不过世俗的"咒骂"，最终成了一个庸才。结果，这位爸爸更像个得胜的预言家，每日摇头晃脑，口中仍是振振有词："说对了吧！我早就说过，你不行！"

心理学家的研究表明：这类父亲之所以认为自己的孩子不是那块料，实际上是自己没有识才成才，由于不懂，甚至不相信赏识能育子成才，因此就用"不是那块料"的恶棒，把自己与子女都毁掉了。要知道，即使是荆山之玉，尽管很美，也需要识别、雕琢，否则也只是一块石头。

不过，赏识孩子，更要引导孩子，让孩子沿着正确方向走，做孩子的指路人。这样才能让孩子获得成功。苏沃洛夫是18世纪俄国著名的军事家，俄罗斯大元帅，俄国军事学术的奠基人。他的父亲瓦西里·苏沃洛夫是个贵族，有自己的世袭领地。在教育儿子苏沃洛夫方面，瓦西里从不溺爱他，允许他做任何冒险的事。本来好动的苏沃洛夫，因为父亲的宽松，从小就受到了自发的锻炼。他最喜欢的运动是在父亲的庄园里奔跑、摔跟头；或者爬上大树掏鸟窝。到了八九岁时，他又迷上了骑马。那时，他的身高还不及马腿长，上马很吃力，但他拒绝仆人的帮助，借土坡爬上马背。初学骑马时，他常常从马背上摔下来，但他毫不在乎，自己爬起来，拍打一下身上的土，再次爬上去。

看着儿子整天从事危险的活动，母亲常常替他捏把汗，甚至想阻止他骑马。而父亲却显得很高兴，他对苏沃洛夫说："儿子，好样的！像爸爸小时候一样摔打吧。越摔打，你的身子骨才越硬朗。"

小苏沃洛夫不仅敢于冒险，惯于冒险，而且非常勤快。父母为他安排了两个同他一样的小仆人，但苏沃洛夫从不把他们当仆人，而是当伙伴，同他们一起玩耍和冒险。虽然两个小仆人长得非常粗壮。却不如他们的小主人能吃苦。以起床为例，起得最早的总是苏沃洛夫；一旦要出去活动，总是苏沃洛夫先起床，再叫醒他们。

父母让儿子从事他想干的一切活动，这让苏沃洛夫受益匪浅。苏沃洛夫不仅练就了一副好身板，尤其练就了他不怕危险、勇往直前的精神。

赏识教育，并非排斥批评。在赏识教育中，让孩子只听到表扬是不利于他们成功的，父母在有意识地肯定孩子好的一面的同时，还要对孩子不良的一面提出批评意见。当然，批评孩子的语气要温和，方法要婉转，批评孩子的缺点应该中肯。在这方面，梁启超父亲的做法，真可谓是一教子的"妙笔"。

梁启超出生于一个半耕半读的家庭，父亲也是一个才华卓著的文人。他自幼聪颖，四岁开始学习四书五经，九岁即能写出上千言的八股文，十二岁中秀才，十六岁中举人。十岁时，有一次随父亲到朋友家做客，见院里的一棵杏树花开得太漂亮了，就偷偷地折下了一枝，藏在宽大的袖筒内。这一举动被父亲发现了，父亲很生气，可当着众人的面，又不好骂他，那样不仅搅乱了宾主之间融洽的气氛，也让小启超的脸面不好看。

到了吃饭的时候，客人们都安排坐下了，小启超最小，最后一个被安排坐下。这时，父亲忽然心生一计，当众对儿子说："你自小爱卖弄文才，各位先生也想看看的你的墨水有多深。我先出一上联，你若对得好，得到在座先生的认可，就可以坐下吃饭；如果不如人意，就站着吃。"客人们也齐声附和。小启超早已对自己的才华充满信心，满口答应下来。父亲略加思考，说道："上联是：袖里笼花，小子暗藏春色。"小启超一听，脸唰地红了，方知父亲已发现自己偷折杏花的行为，不好当众揭穿，而是用上联来批评他，让他知错改错。于是，他答道："我的下联是：堂前悬镜，大人明察秋毫。"对联一出，众人齐声喝彩。

父亲见儿子明白了自己的意思，知道自己错了，又对出这么好的下联，赢得大家的赞赏，就原谅了他的这种不体面的行为。小启超既得到了教诲，又留住了面子，从此更加自律了。

八、用赏识的方法激发孩子的潜能

赞赏孩子是家长常用的教育孩子的手段。细细审视家长对孩子的赞赏，我们发现有许多赞赏能激励人心、催人奋进。在这些赞赏的激励下好学上进、从自卑走向自信的孩子越来越多。很多家长知道孩子是需要赞赏的。也常常听到有人说"好孩子是夸出来的"。在我们的周围，也能听到一些家长对孩子毫不吝啬地夸奖："儿子，你真棒！""闺女，你太聪明了！""你真是好样的！"鼓励孩子，能让他们更自信，更努力；同时，赏识教育也可以开发孩子的巨大潜能，促进孩子健康成长。

科学研究表明，人的智能是巨大的。决定一个人智能的生理基础是人脑细胞。人脑细胞由神经细胞（神经元）和胶质细胞构成。正常人的神经细胞一般有1000亿个神经元；另有9000亿个胶质细胞，神经元与神经元之间相互联结，构成了复杂的神经通道，用以传导信息。一个神经元与另一神经元彼此接触的部位，叫作突触。大脑皮层每个神经细胞约有30000个突触。美国芝加哥大学神经学家赫里克计算，由100万个皮层细胞两两组合，就可得到1亿种组合，由此构成纵横交错千变万化的组织回路，也就形成极其复杂的神经网络。人脑具有记忆、思维和发明创造等复杂神奇的功能，这都是通过神经网络来完成的。

现代研究发现，人类大脑两半球的机能并不等同，各有各的机能优势，叫作大脑两半球的一侧优势。左半球主要负责言语功能，主管言语、阅读、书写、数学运算和逻辑推理等；而音乐、艺术、情绪和空间知觉的辨别系统则由右半球负责。过去人们对大脑两半球机能不对称性认识不足，教学训练的内容大多有利于左半球功能的发展，一定程度上忽视了右半球机能的重要性，所以开发大脑右半球十分重要，它是开发人脑潜能的一个重要内容。

人的大脑及其机能是高度发展、高度分化和极其复杂的，它为人复杂的心理活动提供了物质基础，同时它也蕴藏着巨大的赏识功能。人脑就像一台扫描仪和储存器，可以对外界事物进行直观扫描，然后将信息储存起来。

资料显示，人类通过直观接受的信息量为每秒钟1400亿比特。以电视机显像管的映像理论为例：在显像管上，纵向排列着400多条、横向排列着500多条扫描线。这些纵横扫描线交叉形成了若干极其微小的扫描点。如果我们把在显像过程中每个扫描点的显示过程，作为1比特单位，一个显像管的基本信息量为40万~200万比特。而人1秒钟的直观信息量相当于70万台显像管的信息总量。可见，人脑的信息容量是多么巨大。有人曾经做过比较，认为一个大脑的网络系统比发达国家的全部电话、电报通信网络还要复杂。

可惜的是，人的大脑潜能挖掘得非常少，最多用了不到10%，而其中绝大部分的潜能则被埋没和浪费掉了。

科学研究表明：如果以成人的智力水平为100%，那么孩子从出生到四岁的智力就发展到50%，而到了八岁便已经发展到整个人生智力水平的83%~90%。也就是说，一个孩子是不是聪明的，在他八九岁的时候，就基本上可以定局了。

孩子成长的潜能有多大，怎样发现这些潜能，怎样把这些潜能释放出来？有些成功的家长以他们的实践从一个角度做了回答：从赏识入手。赏识自己的孩子，看好自己的孩子，似乎是为人父母的本能。所谓"孩子是自己的好"，说的就是这个道理。自己种的花草，怎么看着都觉得美。因为这里有自己的心血和汗水。然而在当前的教育实践中却出现了相反的情况。

其一，积极寻找孩子的长处

一位心理学家到一所中学做调查，他让学生每人说出自己的优点。想不到谁也说不出来。这位心理学家以为孩子是不好意思说。再三启发动员，孩子们还是说不出来。当然孩子不可能没有优点。心理学家换了一种做法，让同学们互相说他人的优点，果然说出了不少条，问被说的同学，大体上也能得到认可。为什么他们自己说不出呢？这位心理学家找同学个别了解，他们说，平常听见父母说的话是："你怎么这么笨"、"连这个都不会"、"你看谁谁的孩子那一点多好"、"我小的时候比你强多了"。很少或者基本上没有听到过父母说孩子有什么优点和长处。在一片责怪和不满声中，孩子就慢慢想不到自己还有什么长处。

一般来说，父母没有不喜欢自己孩子的。对孩子的指责、不满主要是同别人家的孩子做比较，而又对自己的孩子抱有不切实际的期望。人各有长短，世界上没有两个完全相同的人。每一个人都可能有某些方面的短处，也必然有某些方面的长处。要把所有的长处都集中到一个人身上，是不切实际的，也是做不到的。即使是长处的那一点，世界上有那么多人，也总有人更胜一筹。永远绝对的世界冠军、世界纪录也是不存在的。可是许多家长望子成龙心切，总希望自己的孩子"出人头地"。人人都想"出人头地"，没有"出人头地"的孩子该怎么办，他们也想"出人头地"，到头来还不是同别人差不多。

在大自然中，人同其他动物相比，没有马跑得快，没有鸟的翅膀，不能高飞；没有鱼的腮，难以持久潜水自由游泳；负重能力不如蚂蚁；皮厚不如牛，嗅觉不如狗；视觉不如猫；爪牙之利更不如虎豹豺狼，弱点可谓多矣。如果在人的成长过程中，天天自责自己这也不行，那也不行，只有认定自己是最劣等的生物了。所幸从我们的老祖宗开始就不是这样做的。人发挥了自己制造工具的能力，从而发展了思维能力，创造能力，合群能力，终于成为万物之灵，进而成为地球的主宰。

其二，保护孩子的好奇心

孩子天生非常好奇、好问。他们经常问大人一些问题："天上为什么会出现彩虹？""白天的月亮藏到哪里了？""我为什么长得像妈妈？"在生活中，孩子还经常充当小破坏分子的角色，他用力砸开收音机或机器人玩具，想看看那些会唱歌、说话的小人，这些都是出自孩子的好奇心。一个好奇心强烈的孩子，对于新奇事物总是主动去寻根问底，提出各种各样的问题，以发现事物的内在联系。

作为家长，应该保护孩子的好奇心，要给孩子提供一个丰富多彩的认知环境，让孩子常能从中获得新颖而神奇的感觉，使他对这个世界充满向往。例如，将孩子的好奇心引向大自然，让神奇的大自然容纳孩子无穷而强烈的好奇；把孩子的好奇心变成对知识的渴求和探索，等等。

其三，支持和引导孩子的梦想

每一个孩子都会有一些梦想，他们幻想自己的将来是多姿多彩的。虽然有的梦想似乎是不切实际的，但却是孩子有想象力的表现。这时，父母千万不要呵斥孩子，更不要讽刺孩子的梦想。正确的做法就是支持和引导孩子的梦想，鼓励他们努力去实现自己的梦想。

一天晚上，莱特兄弟在大树下玩耍，他们看到天上有一轮圆圆的月亮，觉得又亮又好玩，就商量要把月亮摘下来，放在屋里当灯用。

于是，兄弟俩脱掉鞋子，爬上高高的大树，希望站在树上能把月亮摘下来。但是，当他们快爬到树顶的时候，一阵风吹来，把弟弟从树上吹落下来。幸运的是，他被一根树杈钩住了衣襟，后来是爸爸把弟弟抱了下来。

爸爸一边给弟弟包扎伤口，一边对他们说："你们想摘下月亮的想法很好，但月亮并不是长在树梢上，而是挂在天空中。想要摘到月亮，你们就应该造出一种会飞的大鸟，骑上它到空中去摘月亮。"父亲的鼓励在年幼的莱特兄弟心里留下了深刻的印象，后来，他们果然造出了会飞的"大鸟"，让人类实现了飞天的梦想。

九、用赏识的方法挖掘孩子的偏才

孩子的天赋总会自然流露出来。孩子是天生爱动的，对什么都感到新鲜、好奇，这些为表现他的天赋提供了丰富的舞台和条件。做家长的，不仅要悉心寻找、发现孩子的天赋，还要积极培养孩子的天赋，绝不能让孩子的天赋受到埋没。这就要求家长具有强烈的责任心、爱心，具有赏识孩子的慧眼和手段。

达·芬奇是欧洲文艺复兴时期的著名画家。儿时的达·芬奇，聪明好学，求知欲很强，喜欢大自然的山水风光。他经常攀登悬崖、涉足溪水，并且对画画很感兴趣。有时，他独自一人坐在草丛中，用心地观看五彩缤纷的花草树木，饶有兴趣地描绘着那些花瓣和树叶的形状。有时，他钻进山洞，想探索里边的秘密。每次从山洞走出来时，身上都弄得脏乎乎的，但总要捉几只小动物出来，带回家里，仔细地观看，并且按照小动物的样子进行描绘。开始时画得有些不伦不类，但是，时间久了，他画的那些东西渐渐有了画意，越来越像那么回事了。镇上的人都夸他是个小画家。

有一天，邻村一位农民拿着一块木板来到镇上，交给了达·芬奇的父亲皮埃罗，说："请你家的小画家在上面画些东西吧。我好用它装饰我的墙壁。"皮埃罗当即答应了，但不知是什么原因没有告诉儿子。过了一些天，达·芬奇发现家里有一块木板，就将它刨平，用锯锯成一个盾牌。盾牌做成之后，他看到上面什么也没有。不大好看，便想在上面画几幅画。画什么呢？他想来想去，就将自己最熟悉的小动物画了上去。画成后，他拿去给父亲看。父亲看到上面画的有蛇、蝙蝠、蝴蝶、蚱蜢，还有一些叫不出名字来的小东西，不仅数量多，而且结构合理，形象逼真。皮埃罗高兴极了，心想：这孩子有画画的天赋，应该培养他。从此，他决心支持孩子去学习艺术，把孩子培养成为一名画家。

皮埃罗认为，要培养孩子，就必须把他送到名师那里去。为了使孩子得到名师的指导，他同 13 岁的儿子一起来到了佛罗伦萨，打算拜画家韦罗基奥为师。韦罗基奥是当地一位颇有名气的画家和雕刻家。皮埃罗带着儿子找到了韦罗基奥，向他说明了来意，并将达·芬奇的简单情况作了一番介绍。韦罗基奥通过一番考察，认为达·芬奇既有画画的才能，又有学画的决心，就答应收下这个小徒弟。达·芬奇高兴极了。从此，他在画家韦罗基奥的具体指导下认真学习画画，通过勤学苦练，终于成为举世闻名的画家。现在流行于世界各地的达·芬奇画蛋的故事，就是发生在这里。达·芬奇的绘画，把科学知识和艺术想象有机结合在一起，使当时绘画的表现水平发展到了一个新的阶段，为后人所仰慕。

试想，如果达·芬奇的父亲嫌弃儿子的"淘气"，一开始就把孩子的行为定位于"胡闹"而加以制止，那么世界画坛上就没有《蒙娜丽莎》这样的杰作。

父母在发现和培养孩子天赋时，应该注意以下几点要求：

1. 有天赋的孩子并非没有缺陷

在人类历史上，很多天才都被周围的人视作"怪人"。也就是说，很多天才按世俗眼光来看，其性格是有缺陷的。同样，有天分的孩子不总是"讨人喜欢"

的，比方有艺术天赋的孩子，在与别人发生冲突时往往表现得敏感、脆弱，动不动就掉眼泪；而那些为证明自己是正确的孩子则捶胸顿足、态度咄咄逼人，这类具有艺术天赋的孩子，长大后往往成为艺术家或管理人才。性格从某种意义上来说，是天赋的"显示屏"，而一旦父母苛求孩子有"完美的性格"，不仅容易导致亲子冲突，也可能逐渐埋没孩子的天赋。

19 世纪末，一个男孩降生在布拉格一个贫穷的犹太人家里。随着这个男孩一天天长大，人们发现他虽生为男孩，却没有半点男子汉气概。他的性格十分内向、懦弱，而且非常敏感多虑，老是觉得周围的环境都在对他产生压迫和威胁。防范和躲避的心理在他心中可谓根深蒂固，令人觉得这个孩子是一个神经质、可怜虫。

男孩的父亲十分失望，竭力想把他培养成一个标准的男子汉，希望他具有雷厉风行、宁折不屈、刚毅勇敢的性格。然而，尽管他的父亲那么严厉又用心地培养他，他的性格却一点也没有变得刚烈勇敢，反而变得更加懦弱敏感，甚至连自信心都丧失了，以至于生活中每一个细节，每一件小事对他都是一个不大不小的灾难。他在惶惑痛苦中长大，他整天都在察言观色，常常独自躲在角落处悄悄咀嚼受到伤害的痛苦，小心翼翼地猜度着又会有什么样的伤害落到他的身上。

父亲看在眼里，只好放弃了培养孩子的一切努力。父亲想：像这样的孩子，你能够让他去当兵，去冲锋陷阵，去做元帅吗？不可能，部人还没有开拔，他恐怕就当了逃兵。那么，让他去从政呢？依靠他的智慧、勇气和决断力，要从各种利害矛盾中寻找出一种平衡妥当的解决方法，那更是可望而不可即的幻想。他也做不了律师，温顺内向的他怎么可能在法庭上像斗鸡似的竖起雄冠来呢！去做医生则会因太多的犹豫顾虑而不能果断行事，那只会使很多的生命在他的犹豫不决中抱恨终生。

但谁也没有想到，这个男孩后来成了世界上伟大的文学家，他就是大作家卡夫卡。

卡夫卡能成为一个杰出的作家，原因就在于，性格内向敏感的人，他们的内心世界一定很丰富，他们能敏锐地感受到别人感受不到的东西。他们是外部世界的懦夫，却是精神世界的国王。这种性格的人如果选择做军人、政客、律师，那么，他就等于选择了做懦夫；如果他选择精神世界，那么，他就等于选择了做国王。

卡夫卡没有像他的父亲那样试图改变自己的性格，而是利用自己性格的敏感性去发掘人们观察不到的东西，他开始了文学创作，在这个他为自己营造的艺术王国中，在这个精神家园里，他的谨小慎微、优柔寡断等弱点，反倒使他对世界、生活、人生、命运，有了更尖锐、敏感、深刻的认识。他以自己在生活中受到的压抑、苦闷为题材，开创了一个文学史上全新的艺术流派——意识流。

卡夫卡父亲所犯的错误，就是以"性格"论英雄，以性格缺陷来否定他的儿子。尽管卡夫卡最后成为大师，但他的成就显然与父亲的教育无关。

2. 天赋并不是指"全才"

世上很难找到十全十美的事物。天才，有时是偏才。这样的例子，古今中外并不少见。孩子既然做不了"全才"，让他在某一方面取得成功，也不失为育才之道。关键是，做父母的要学会赏识自己的孩子，不气馁、不急躁、扬长避短、重点施教。

毕加索是世界上最具影响力的现代派画家，他从小就很有艺术天赋。一天，刚刚学步的毕加索画了一个螺旋状的东西，家人都不知道他画的是什么，而他的父亲堂·何塞却看出小家伙画的是熟食摊上卖的油炸饼，这令人吃惊不已。堂·何塞看出了这个小家伙有画画天赋，决心把他培养成画家。

于是，父亲专门为儿子腾出一间房子，墙壁周围贴满儿童画，这些画的内容都是日常用品，线条简单，有利于诱发孩子的想象力和空间变形能力。毕加索四岁时，堂·何塞又教儿子剪纸，那惟妙惟肖的剪纸，一下子把小毕加索迷住了。他也学着把一张张平展展的纸剪成无数的公鸡和小狗……

左邻右舍对这个孩子称叹不已，称毕加索为天才。然而，这个"天才"却不是一个优秀的学生，上课对于他来讲简直就是折磨，听课时他不是漫无边际地幻想，就是看着窗外的大树和鸟儿发呆。而且他似乎永远都学不会枯燥无味的算术。他无奈地对父亲说："我只知一加二等于几，而二加一等于几，我脑子里根本就没去想。不是我不努力，我拼命想集中自己的注意力，可就是办不到。"为此，他的同学常常捉弄他："毕加索，二加一等于几？"然后，看着毕加索呆呆的样子哈哈大笑。就连老师也认为这孩子智力低下，根本没法教，他经常在毕加索父母面前，绘声绘色地描绘毕加索的"痴呆"症状。左邻右舍也不再为他的绘画天赋叫绝，而私下议论说："瞧那呆头呆脑的样，只会画几幅画能当饭吃？"

面对风言风语的议论和嘲笑，堂·何塞却对孩子有真正的理解和赏识，仍然坚信儿子虽然读书不行，绘画却是极有天赋的。他对儿子说："不会算术并不代表你一无是处，你依然是个绘画天才，可以去绘画。"小毕加索看着父亲坚毅的面孔，找回了一些自信。果然，毕加索总是毫不费力就能绘出才华横溢的图画，也渐渐忘记了自己功课方面的"无能"。

有了父亲的支持，毕加索再也不怕同学的嘲笑。父亲成了儿子强有力的心理依靠，似乎离开了父亲，毕加索根本没有勇气去面对生活。以至每天上学，必须得到父亲会来接他回家的承诺后，毕加索才会松开父亲那温暖的手。

作为"劣等生"，在学校被关禁闭已成了毕加索的家常便饭。禁闭室里只有板凳和空空的墙壁，可是毕加索却很高兴。因为他可以带上一沓纸，在那里自由地绘画。他每天都沉浸在想象的世界里，虽然功课不好，却在绘画的天地里找到了快乐和安慰。

1890 年 11 月，年仅六岁的毕加索画出了《手握大棒的赫克勒斯》，画面上的大力神赫克斯勒英姿勃发，形象超凡，使人们惊叹不已。

3. 发现孩子的天赋要坚持不懈

在发现天赋的过程中会有失败的尝试，不要因为失败就不鼓励孩子进行尝试。有时，孩子的天赋是一种假象。一方面儿童的好奇心和三分钟热度，很可能给父母制造"我孩子很可能是绘画天才或钢琴神童"的印象；另一方面，父母望子成龙心切，也可能造成对孩子天分的判断失误。这些都是正常的，切不要因为"上次看走眼"了，就对孩子下一次在其他领域的兴致勃勃持否定态度。因此，父母要有耐心，通过长期的观察和分析，找到孩子的真正天赋所在。

4. 孩子的天赋不要急于展示

父母急于展示培养孩子的阶段性成果，会得不偿失。例如，有的父母急于让孩子给客人表演、搞个考级证书什么的，往往导致古人方仲永式的结局。方仲永从小就是一个聪明的孩子，能诗会画，名扬远近。后来，在众人的吹捧下，他的才华一天不如一天，以致成为平庸之辈。现在的孩子为了应付表演及考级，不得不花费大量时间沉陷在枯燥的反复练习中，当练习侵占了孩子玩耍、吃饭、看电视乃至睡眠的时间，孩子岂能不产生反感？而热爱才是天赋的催化剂；反感只能成为天赋的消融剂。培育天赋，急功近利的心态往往是欲速则不达。

第八章
告诉孩子："你是对的"

一、在包容中教育孩子

在孩子成长的过程中，不小心摔坏东西、损坏东西的事情非常常见。对自己不小心所造成的破坏，孩子也非常后悔和难过，甚至感到恐惧。

这时，父母应该包容和安慰孩子，而不是批评和指责。批评和指责不仅于事无补，而且会造成孩子对父母感情的疏远。以后再发生这种事情，他们可能会故意隐瞒父母，从而使孩子养成说谎的习惯。

关心孩子，应该对孩子不小心的过失行为给予包容。这样不仅可以安慰孩子的心灵，更重要的是让孩子通过这件事情吸取有益的经验教训；而一味地训斥和打骂，只会让孩子感到恐惧，却淡忘了事件本身。

有时候，孩子可能会因为好意而不小心给父母造成伤害，这时候，父母的包容就显得更加重要了。要做到在包容中教育孩子，真正让孩子吸取教训。

当孩子本意正确而方式错误的时候，父母首先应该对孩子的本意给予赏识，然后帮助孩子分析错在哪里，并教给他正确的方法，指导孩子的生活和学习。

受到父母赏识、包容和教育的孩子，会在愉快中接受父母的建议，时刻记住自己的过失，并在以后逐步改进或改正。

当孩子不小心损坏了家里的物品或家具，父母不要对孩子发火，而应该给他们包容和安慰。告诉孩子："我知道你不是故意的，不过，以后注意点哦！"

当孩子出于好意却做了坏事，造成比较大的损失时，应该告诉孩子："谢谢你的好意，但是你的方法错了，结果让父母非常伤脑筋，以后应该这样……"

我们可以看看下面案例中的父母是怎样做的。

有位叫大卫·柯珀菲尔的医学科学家，当记者问他为什么比一般人更有创造力时，他回答，这与他两岁时发生的一件小事有关。

有一次他尝试着从冰箱里拿出一瓶牛奶，因瓶子很滑，他一失手，瓶子掉在地上，牛奶溅得满地都是，像一片牛奶海洋。

他的母亲来到厨房，并没有对他大呼小叫、教训或惩罚他，她说："哇，你制造的混乱可真棒！我还没见过这么大的奶水坑。牛奶反正已不能喝了，在父母们清理以前，你要不要在牛奶中玩几分钟？"

他的确这么做了。几分钟后，他的母亲说："你知道，每次当你制造这样的混乱时，最好还得把它清理干净，你想这样做吗？我们可以用一块海绵、一条毛巾或一个拖把，你喜欢哪一种？"他选了海绵，于是他们一起清理打翻了的牛奶。

之后，他母亲又说："如何用两只小手拿大牛奶瓶，你已经做了一个失败的实验。来，让父母们把瓶子装满水，看看怎样才能拿得动它。"小男孩很快就学会了，用双手抓住瓶颈，就可以拿住它不会掉。

这位科学家在那一刻懂得了过失是学习新东西的机会，因此不需要害怕过失的道理。

当孩子有了过失的时候，恰好是教育的良机。因为，内疚和不安使孩子急于求助，在这样的时刻，他们明白的道理更能刻骨铭心。此时，父母应保持冷静，既不要简单粗暴地训斥，也不要毫不在意，而应当讲清道理，指出弥补过失的方法，让孩子吃一堑长一智，从过失中学到有价值的东西。

孩子的成长从某种意义上讲就是不断减少过失的过程。善待孩子的过失，其实也就是对孩子进行正确引导，使其避免再犯同类的过失或错误。作为父母，无论孩子所犯的过失是大是小，都应该努力以心平气和的心境来对待；暴怒对待孩子，不但于事无补，伤害了孩子，还会掩盖了过失的本质，可能会让孩子一错再错。

其实，孩子犯错是很正常的。面对孩子的错误，如果父母不注意教育方式，不分青红皂白地批评、责骂、惩罚，不但不能让孩子改正错误，相反会使孩子形成胆怯、退缩或者是叛逆、攻击等不良心理。所以，包容孩子的过失，以平静的心态对待孩子的过失，才是最好的教育方法。

大部分父母也想包容孩子的过失，但有时就是控制不了自己，不知道该怎么做。那么，你不妨从以下几方面入手：

1. 体谅孩子的过失

在生活中，有时父母也会出现这样那样的过失，更何况是不谙世事的孩子。因此，面对孩子的过失，父母要学会制怒，以一颗平常心来对待，把它看作是正常现象，是孩子成长中不可避免的。父母要心平气和地给孩子讲道理，帮助孩子分析过失所在，并指出改正的办法。如果父母能包容孩子的过失，那么孩子也会学会包容他人。如果对孩子暴打一顿，也不可能起到教育孩子的目的，相反有可能让孩子从父母那里学会了用"武力"解决问题。

2. 区别对待孩子的过失

孩子的过失分为意外性过失和主观性过失。意外性过失，一般是由于孩子无心或无意间所犯的过失，如上面案例中的孩子不小心打翻了牛奶。对待这类过失，父母要原谅孩子，并帮着孩子分析和解决问题。而主观性过失，主要是指孩子由于故意或判断失误造成的过失。孩子犯这类过失的主要原因是想引起别人的注意、不知道这种行为是过失的。对待这类过失，父母一定要严肃认真，给孩子讲清楚过失所在以及危害，并要督促孩子改正。

3. 给孩子解释的机会

有的父母性子特别急，当孩子犯错时，不给孩子解释的时间和机会，先打骂一顿再说。其实父母的这种做法是很自私的，打骂孩子仅仅是为了发泄自己的怒气，缓解自己的情绪，丝毫起不到教育的目的。有时孩子犯错并不是出于本意，而是想帮助父母做点事，只是由于自己的经验和能力不够才犯错的。比如有个小女孩本想帮父母洗碗，却不小心把碗打碎了。如果父母不听孩子解释而打了孩子，其结果是打击了孩子劳动的积极性，以后孩子再也不会帮父母干活了。

4. 教孩子学会自我教育

有时孩子无意犯了错，还没等父母批评教育，自己已经开始后悔、反思并自我教育了。因此，当孩子犯错时，父母可以引导孩子自己寻找原因并加以改正，这样孩子对自己所犯的错会有更深刻的认识，改正过失的自觉性也会更高，以后就会少犯或不犯同类的错。

总之，孩子的心异常娇嫩，像刚露头的嫩芽、初绽放的花蕾，要求父母加倍呵护。

对孩子，父母只有用一颗博爱宽恕的心去包容他们的过失，用更恰当的方式去处理问题，正确引导他们的人生方向，那么他们就会踏入健康成长的光明大道。

二、孩子有缺点不可怕

"金无足赤，人无完人"。世界上十全十美的人是没有的，何况是正在成长的孩子。而且孩子身上所谓的优点和缺点往往是辩证的，表面是缺点，实质却包含着优点的潜能；今日的缺点，也许就是明日的优点。辩证法告诉父母，一切事物都处于转化之中，在一定的条件下，一个孩子的缺点也能够转变成为优点。

美玉也有瑕疵，孩子有缺点不可怕。

人的能力从生下来那天起，就是在各种客观影响下而成长起来的。因此作为缺点表现出来的东西，也可以说是客观形成的一种能力。既然是作为能力养成的，要想完全矫正也是很难的。无论是缺点还是优点，如同我们现在再也不能改变我们的过去一样，是既成事实的东西，无论如何是不能否认的。我们所能做的只有反省过去，从中吸取经验教训，以便重新沿着正确的方向努力。

那么，当孩子感觉到自己不如别的孩子做得好的时候，他们会对自己的能力产生怀疑，他们往往会到父母那里寻求一个证实或者一些安慰。这时候，父母不应再给孩子的伤口上撒上一把盐，而应该宽容、鼓励孩子，让孩子始终对自己充满信心。

每个孩子的能力都是不同的，他们总会在一些方面有不足甚至是缺陷。这时候，如果连父母都看不起他们，甚至嘲笑他们，那孩子会更加自卑，甚至自暴自弃，从而毁了孩子的一生。

所以，赏识孩子，不仅仅表现在夸奖孩子的优点和长处，也不仅仅是激励孩子更加努力和勇敢，还包括如何正确对待孩子的缺点、短处甚至是身体的缺陷。通过宽容孩子的缺点，可以帮助孩子克服缺点、弥补缺陷，从而健康地成长。

孩子的可塑性是很强的。可以说，不论什么样的缺点和不足，都是可以纠正过来。例如：

有一个叫何丽的孩子，已经上幼儿园了，她最不喜欢上的课是手工课，因为她总是不能顺利地做好老师教的内容，她的手不像其他孩子那样灵巧。为此，她非常苦恼，回家问妈妈，妈妈对她说："每个人的能力是不一样的，你可能不如别人手巧，可是你也有很多他们没有的优点。再说了，妈妈小时候还不如你呢，你看我现在不是什么都会做吗？"

妈妈的话让何丽信心大增："对啊，我虽然不如别人手巧，但是我能唱出好听的歌曲，还会给其他孩子讲故事呢。"

上小学后，她开始讨厌体育课。因为很多体育项目她都做不好，她不如其他孩子跑得快，不如其他孩子跳得高，甚至连一些简单的动作都不能顺利地完成。为此，体育老师也经常说她"笨"。看着别的同学在操场上快乐地跑着、跳着，她只能伤心地掉眼泪。

她去找爸爸诉苦，爸爸把何丽揽在怀里，心痛地对她说："不是你笨，是爸爸不好，把这个缺点遗传给了你，我小时候还不如你做得好呢，不信你看……"爸爸说着，非常笨拙地在地上做了一个前滚翻的动作。看着爸爸笨笨的样子，何丽不禁笑了起来，原来这么优秀的爸爸都有缺点啊。

孩子或多或少都会存在一些缺陷，只是程度不同。对于具有明显生理缺陷的孩子，父母更应该通过自己的赏识和鼓励，给他们生活的自信和勇气。有时候，甚至需要一些善意的谎言，巧妙地"骗"一下孩子，让孩子在谎言中忽略自己的缺点，抹平心中的自卑。

面对有缺点的孩子，父母不仅要安慰孩子、鼓励孩子，帮助让孩子树立信心，更要注意发现和培养孩子的优点和长处，帮助孩子扬起生活的风帆，创造人生的辉煌。

那么，怎样才能做到宽容孩子的缺点，教育好自己的孩子呢？

首先要了解的一点是，孩子是生来就不同的，孩子的某些缺点可能就是他的个性所致，这不完全是他自己能够控制的，所以，父母不能以"孩子不应该这样"的想法来教育孩子，而是要同情孩子的缺点，这不是他的错，虽然需要改正，但是，要知道如果你的孩子改正了，他比没有缺点的孩子付出了更多的努力，他事实上更优秀。

父母之所以不接受这样的观点，主要是父母以大人的标准来判断问题，这对孩子是不公平的。

父母只有接受孩子的缺点，同情孩子的缺点，才能心平气和地帮助孩子纠正缺点，所以在教育孩子上，心态同样决定一切。

其次要了解的是，人都喜欢听赞扬的话，对自己的缺点不是不清楚，而是不愿意别人说得太清楚，所以父母不要直接攻击孩子的缺点，那只会引起孩子的反感，这是一种本能的自我保护，谁都一样，换作自己又有什么不同呢？

所以在指出孩子缺点的时候，最好先赞扬他的优点，即使这优点是你都不相信的，反正他相信就行了。孩子很粗心，你可以先夸他做事很果断，就是细心差了一点，孩子语文不好，数学不错，你当然是先夸他数学厉害，语文再加把劲儿那就更厉害了。

第三，避免错误的家教观念。让孩子出色是父母的最大心愿。然而，父母教育孩子的错误观念以及由此导致的错误家教方法，不仅不能纠正孩子的缺点，反而影响孩子的健康成长。而抱着一味批评和指责，认为棍棒出才子，企图用这种压力迫使孩子改正缺点、错误的想法也是错误的。这种做法，往往使孩子越来越没有信心，结果只能是情况越来越差。

孩子总会渐渐长大的，特别是进入青春期的孩子，他们的逆反心理会越来越明显，故意不听话，甚至与父母对着干的情况时有发生。这种情况如果单纯归为孩子的缺点显然不太科学。对此，父母究竟应该怎么办？不少父母采取强制孩子服从的办法，坚决不允许孩子的不顺从行为，这是很不恰当的。强制服从，即使孩子表面上屈服了，但他们的心里是不服的。心理压抑久了，总有一天要爆发，到那时，酿成大问题，后悔可就晚了。

错误的方法只能得到错误的结果，因此，每一位做父母的，在抱着教育孩子改正缺点、发扬和光大优点的美好愿望的同时，千万不要一厢情愿，不讲科学，采取这些错误的方法来教育孩子。

所以，父母要宽容孩子的缺点，唯有如此，才能让孩子更好地改掉缺点，养成更多的优点。

三、不要觉得孩子"变坏了"

每一个孩子都会有"坏"脾气。教育专家认为，当孩子有了"坏"脾气时，父母首先应当理解，然后采取适当的方法，这样才能使孩子的心情由"阴"转"晴"。

孩子到了会走路的时候，"什么都想自己来做"的意愿便开始萌发出来了。例如，吃饭时想自己吃，可因为还不会用调羹，洒掉的比吃进去的还多，结果会变成用手抓着吃了。不过，为了培养孩子的自发性，即便是这样也不要去阻止他。

开始表现出自发性的孩子，常常想要做一些力所不能及的事情，而且一旦做不好的话就大发脾气，不是哇哇叫唤，就是倒在地上打滚，或者是乱扔东西。

对于父母来说，这是一个很伤脑筋的时期，于是，当孩子想自己一个人做什么时，父母很可能就不由分说地训斥道："不行。"

但是，孩子的这种自己来做的愿望正是意欲成长的表现。因此，妈妈要了解一岁左右的孩子就是这个样子，在孩子想自己做的时候就让他试着做一做。

爱发脾气是孩子在一岁以后出现的现象，一旦不如意，便大声哭闹、跺脚、打滚儿。这种"动肝火"不一定是对着别人，有时候还会冲着自己。

希望别人"那样"，自己想要"这样"——这些欲望过于强烈，而现实又无法满足，这时孩子幼稚的心便慌乱起来，在情绪上表现出不安定。想睡觉了、肚子饿了、感到累了的时候，一点小事都可能引起孩子发脾气。

当孩子发脾气时，父母应不声不响地把他抱起来，或者是平静地注视着他，等待孩子自己安静下来。除此之外没有别的办法。这种脾气暴躁期是孩子成长过程中的必经阶段，父母需要了解这一点。不要觉得孩子这是"变坏了"，去责怪、训斥他。

在商店玩具柜台前常可见到这样的情景：孩子要父母买某一玩具，父母不肯，孩子就大发脾气，吵闹不止、甚至躺在地上打滚儿。怕丢面子的父母赶紧以满足孩子的愿望来使孩子停止吵闹折腾。

孩子由此感到，只要自己发脾气，在人前大闹，父母就会满足自己的愿望。于是，每当孩子有新的愿望，父母不答应，孩子就大发脾气，最后父母不得不屈从。久而久之，孩子越来越得寸进尺，脾气也越来越大，人也变得越来越任性、粗暴。

乔庄四岁的女儿特能哭闹，以前乔庄夫妇总是姑息迁就她，结果她以哭为武器，眼泪说来就来。乔庄感到这样下去不行，遂找机会反复教育女儿，有什么要求，一定要说出充足的理由来，只要理由是正确和合理的，父母就一定会满足她。反之，如果不讲理地哭闹，那么即使是合理的要求父母也不答应。

这天，女儿又开始犯倔了，乔庄让她先练画儿。每天规定好的时间，而女儿偏偏要先玩新买的玩具。乔庄一再给她讲要养成先学习后玩的良好习惯的道理，但女儿就是不听，而且还使出了她惯用的伎俩——抹眼泪。

这时，乔庄见说理不行，马上断然宣布："今天不能玩玩具了。"女儿一听，哭声又上了一个"音阶"，乔庄也马上"升级"，"明天也不许玩玩具了。"结果到了第二天，女儿果然没能摸着玩具，不过她也没敢再哭闹，以后她就很少再采用这种无理的方式来表达要求了。

孩子不是天生"坏脾气"的，而是做父母的慢慢地把孩子养成的。行为主义心理学指出，孩子们的行为无论好坏，一旦受到了成人的赞扬或奖励，就使这一行为得到了强化，以后再遇到类似情景时，这一行为就很容易再出现。

当孩子第一次为了实现自己的愿望，以发脾气为手段来威胁父母时，做父母的担心孩子哭坏了嗓子，或怕在公共场所丢面子，就去搂抱孩子，满足孩子的愿望，这就使孩子发脾气这一行为受到了强化，即孩子懂得了他可以以发脾气来获得父母的搂抱或得到想要的东西。为了一个又一个愿望的实现，孩子开始一次又一次地发脾气了，最终成为一个爱发脾气的孩子。

事实上，小孩子发脾气有很多种类型，需要区别其中的差异，才能有的放矢，做好排解工作。孩子为什么会有"坏"脾气呢?

1. 疲劳或受挫折时发脾气

孩子在饥饿、疲劳或为他所做的事感到困惑时，很容易发脾气，其发泄方式主要是哭叫和踢东西。对此父母应及时作出反应，安排他小睡或给他小吃。如果这样还不行，就要设法使他安静下来，问清楚他哪里不舒服，并安慰他，鼓励他，给他提供帮助。如果还不奏效，就让他去做些别的事情，以转换心情。

2. 寻求父母的关注

有时，孩子想要和父母玩，想要父母注意他，或者父母没有答应他的要求，或者父母出门不准备带他，于是他就连哭带喊，甚至重重地撞门。这时，父母需要对他微笑，对他说爱他，并把他放在一个安全的地方，让他发他的脾气，等他安静下来，再主动与他谈话。

3. 父母赌气，使小性

"该吃饭了"，父母宣布说，但孩子却说"不"；"我们去散步吧"，他还是说"不"；无论父母说什么，他都反对。这时，父母可以推迟一些事情，可以放段轻音乐，让孩子放松一下，切忌正面冲突。就像父母一样，孩子也有心情不顺的时候，雨过天就晴了。

4. 破坏性或恶作剧的发脾气

孩子可能会专门在公共场合和人多的时候，发出尖叫。对此，你可以采取隔离的办法，既让他冷静下来，又作为一种惩罚。事后，父母应该告诉他这样做是非常不礼貌也不受欢迎的，是大家不希望看到的行为和表现。

5. 孩子的情绪失控

有时孩子会在身体上和情绪上完全失去控制，尖叫着而且连踢带敲地闹个不停，此时父母一定要冷静，尽量抱住他，让他平静下来，以防他伤害自己或他人。事后，父母一定要认真听取他的想法，了解事发原因，以防再犯。

孩子一旦发脾气，作为父母应该采取如下措施：

首先，要搞清楚孩子发脾气的原因。其次，父母要尽量从孩子的角度看问题。比如，你是否太"专权"了，什么都说了算，让孩子感觉不到自主和成就感，如果是这样的话，父母不妨在一些无关大局的事情上让他做决定。教他如何做出正确的决定，这也是他真正成长的开始。

最重要的是，在孩子发脾气时，父母一定要把握住自己，不要急躁。如果他不愿洗澡，父母不妨让他再玩一会儿，但不能放弃让他洗澡。切记让步要有理、有利、有节，让步不能过大，也不能过于频繁，否则，他很可能会养成用发脾气与父母讨价还价的习惯。

一般来说，孩子越大，发脾气就会越加频繁和具有分裂性，而且难于控制。最好的策略是用以往行之有效的办法，如对待刚会走路的孩子，带他到寂静的地方去，叫他表达自己的感情，待平静后再与他谈曾经发生过什么，为什么。

如果孩子长到四五岁时还继续发脾气，父母一定不要跟着生气。这时，可以告诉他父母是如何疲劳和心烦，帮助他认识到这种行为如何不好，千万不要对他进行身体或口头上的侵犯，要耐心，耐心，再耐心。切记，在教育孩子方面绝没有捷径可走。

就像与成人交往一样，在孩子发脾气时不要与他争论不休。父母可以把这当作是孩子提高语言技巧的机会，诱导他把发脾气的原因说出来，一定要沉住气倾听他的解释。即便是孩子错了，也不要在火头上与他理论，一定要等到孩子火气消了以后，再与他谈话，指出他刚才所做的有什么不对之处。

如果孩子一次发脾气的时间经常过长，或经常一天发三次以上脾气的话，那就应该寻求专业心理医生或儿科医生的帮助了。

四、孩子自由发展的空间十分必要

教育专家陶行知认为，孩子的成长和发展需要有一个宽松的、开放的、积极的环境，需要在父母的热切期望和等待中来引导孩子的成长。孩子的发展，要遵循天性，不能任意抹杀孩子的创造欲望和玩乐心态，要给予孩子自由的空间，要让孩子自由地发展。

孩子的成长不仅包括他身体增长，更主要的是他的语言、精神、气质、思想以及为人处事能力的提高和发展。可为了使孩子的成长迅速一些，许多父母往往采取一些过于积极的教育措施，例如请家教、报特长班等等，根本无视孩子的兴趣。

不可否认，孩子多掌握点知识，多学点本领，本没有什么坏处，但关键是要孩子自己愿意。否则，只能适得其反，不但不能使孩子按照父母的愿望发展，还可能极大挫伤孩子的积极性。这是得不偿失的。

父母指导孩子太多，关注孩子太多，或者采用的强制措施和管束太严格，都会不利于孩子自由、健康、快乐的发展。所以，对于孩子的发展一定要因人而异，一定要给予孩子一定的自由空间。

在孩子成长的过程中，自由发展的空间对于孩子是十分必要的。

有个大学生在一篇题为《我的自由时空》的作文里写道：

我的外公是一位艺术家，我的父亲是一家医科大学的物理学教授，我的家如同一个人文与科学的梦幻组合，一个用亲身的经历告诫我为人要真诚坦荡，对世间万物都心怀爱与感激，即使身处逆境也要发现身边的美；一个则用严谨的数学语言让我坚信这个世界必有规律可循，求真务实善于开拓的科学精神是人们寻找安全感的良方。

有一段时间外公告诉我分久必合，合久必分，月满则亏，万物皆有必然之理；而父亲告诉我世界可以用偶然来描述，甚至每个人都只不过因为偶然才成为自己。当我将两句话完整地理解而发现其中的一致时，我觉得对未知世界充满了探索的自信。我认为这种感觉永远不是来自于灌输，而是启发式的诱导。记得小时候，父亲从幼儿园接我回家，总带我在路边的咖啡馆小坐片刻。在那儿，他让我试着把不同质地的咖啡勺浮在咖啡中，就这样让我理解了阿基米德的发现。

我的家庭氛围首先是民主，从我记事起，我对家中的事务就有发言权，而且父母从不强求我做什么，他们对我采取认同和尊重的态度。记得高中毕业填高考志愿时，家里希望我考医科大学，而当我欲报考华东师范大学心理学系时，父母所做的仅仅是确认我是否真的做了慎重的考虑，而后便全力支持我的选择。

我从小写作文就不爱打草稿，做数学题也不爱将整个步骤都写上，我认为只要抓住重点就可以了，能用简单的方法完成一件事何乐而不为呢。而这种"偷懒"的做法父母也认可了，他们的态度使我的个性在宽松的家庭环境下得到充分的发展。

良好的家庭教育必有善于进行教育的父母。上述案例中的主人公就是在重视教育、懂得教育、氛围民主的家庭环境中成长起来的。家庭教育不仅为他开拓了一个融知识与能力为一体的多维空间，而且使他学会了宽容和谦让、理解和融洽，使他的求知欲得到了重视和满足，人格得到了健康的发展。

由此可见，父母作为家庭教育的实施者，必须树立正确的人才观、教育观，必须提高自身的素质，才能使家庭教育由经验育人向科学育人转变，由片面注重书本知识向注重教孩子怎样做人转变，由简单命令向平等沟通转变，使家庭教育真正发挥应有的作用。

很多父母会划分出一个孩子的房间，而且在孩子的房间里，安置最豪华的照明设备，可是孩子却喜欢在餐厅做功课，这就是因为没有认清空间的意义。孩子所需要的，并不是单纯的独立房间，而是一个能安心游玩，安心做功课的空间，那个空间必须让他有待下去的欲望。

不过分"教导"孩子的实质，就是让孩子形成良好的自主性，而自主性的确立。除父母应有的开放型的教育方法外，更主要的是给孩子一片自己的"空间"。

让孩子在家里有发泄自我的感情，或是调整情绪的空间，是培养独立性的基本条件。

所以那个空间不必是一个独立的房间，在客厅的一角划分出"孩子的角落"，也是可行的做法，那个角落不摆父母的任何杂物，可以只放一些孩子喜爱的牛奶包装、厚纸、压扁的纸杯或是塑料盖等。

　　空间感觉强烈的孩子，纵使没有门或帘幕的划分，也会在自己的场所上，挂上看不见的屏幕，然后在其中自得其乐。

　　年纪稍大之后，可加一扇屏风，使空间较为独立，如此，孩子便会用自己的头脑去改善空间，使其便于利用。例如：孩子自己动手钉的桌子，应该比父母所购买的书桌，更能给予他"个人"的感觉。

　　父母不要勉强把孩子的房间区分出来，而应只做一个孩子创造自我空间时的助手，如此，自然能培养出孩子的自主性。

第九章
让孩子说出心中的秘密

一、父母应该克制自己的控制欲望

控制是一种奇妙的东西，它是一种与生俱来的本能，隐藏在每个有思想的物种体内，人更是甚之。在家里，父母永远都想控制孩子，他们的初衷是对孩子的爱，这种爱可以创造伟大的亲情，也可以创造家庭的不幸。

津津是个六岁的小女孩，人长得很漂亮，又能歌善舞。可是在学校里，却没有人喜欢她，而且同学们背地里还叫她"没主见"。其实，这一切都不应该怪津津，这一切都是津津的爸爸造成的。

津津是家里的独生女，一生下来，爸爸就十分喜欢。因为爸爸从小吃过很多苦，所以爸爸决心不让津津再吃苦。从津津出生到现在，津津的所有事情，爸爸都和妈妈来一手操办。津津的每一个意愿爸爸都能够猜透，在津津还没有说出口的时候，爸爸就已经给津津办好了。

从小津津就养成了这种自己不用动脑子，不用动手，一切伸手就来，一切听爸爸妈妈安排的习惯。

可是到了学校之后，一切全变了。爸爸妈妈不在身边，她连一点小的事情都不会做，连一个小主意都不会拿。有一次该她值日，她拿着扫把不知道如何下手，竟然哭了起来。

总结家庭中利用爱的名义控制孩子，从而给孩子心灵成长带来不良影响的现象如下：

其一，"你是我生的，你是我养的，所以你该……"这种让孩子背上还债的负担，是最常见的控制。按照序位，序位高的父母，不能要求序位低的孩子按照自己的模式生活，孩子有选择权利的前提是没有心灵的沉重枷锁。

其二，"你不听话，我养你容易吗？真不如当初不要你了……"养育孩子等于受苦，还有威胁；迫使孩子以自己的命运进行补偿，威胁式的控制让孩子从小便没有安全感。

其三，"我活得不容易，我的生命是悲惨的……"这是隐性的控制，也是负面效应很大的控制。这种动力会迫使孩子将自己的生活变得更差以寻求心灵的平衡。或者"你不听我的话，我真命苦……"父母有时以自己多么"命苦"，来要挟孩子听话，孩子被迫进行补偿，往往带来孩子悲剧性的性格命运。

其四，"我养你不容易，所以你不应该对他（她）好……"夫妻离异后，往往有一方会在孩子面前经常说他的前夫（前妻）不好，这剥夺了孩子对父（母）的确认，序位不是靠养育与否得来，也不是靠其他而来，这是从出生起就拥有的序位权利。孩子在夹缝中求生存的结果是心灵成长的扭曲。

以上种种对孩子的控制，大多假借"爱"的名义。中国的多数父母总是认为什么都管，让孩子完全按父母的思路去做，便是对孩子最完全的爱。其实不然，在孩子年龄还小时，思想和经验还都不足以独立处理自己的人生大事时，父母是孩子的监护人，他们有责任也有权力来要求孩子按父母的思路去做一些事情，尽管有时候孩子并不情愿去做，但他们的能力不足以摆脱父母对他们的控制。

这是改变不了的事实。但当孩子有了自主意识，有了自我控制能力，慢慢地能够自己管住自己，并主动地去做好一些事情，父母的控制就会与孩子的行为产生不可避免的冲突。

1. 父母应该克制自己的控制欲望

如果父母对孩子的控制欲比较强烈，建议父母首先应该把心态放平和。对孩子有期望是好的，但不要在孩子面前时时处处表现出来，不要急躁，有时候按照对的思路去做了，一时没有看到成效，也不要太着急，继续做下去就行了。

因为，这种控制关系对孩子的影响不太好，孩子会在心理上感觉到强势父母的压力。他虽然会听，在父母的眼里看来是温和的，实际上是会不高兴的。如果这种情况再继续的话，孩子会更软弱，父母会更强硬，其实是不利于孩子成长的。

2. 给孩子一些成长空间

给孩子一些成长空间，离孩子稍远一点观察。孩子的成长应该顺其自然，不应该脑子里有个框框，孩子应该怎样怎样，更不能强硬改变，而是应该利用一些生活场景，尽量提供一些孩子发展的外部环境，尽量正确诱导孩子。

3. 尊重孩子，给孩子自由

父母尊重孩子，孩子才能尊重父母，有的父母只希望孩子对自己言听计从，而不能有自己的观点或者申辩一下，否则就对孩子大声训斥。这种孩子长大后很可能是一个人云亦云的人，没有自己的观点。

4. 培养孩子独立思考和判断的能力

独立性是一种习惯，是在生活中慢慢养成的，如穿衣穿鞋、吃饭洗手这类小事。孩子做任何事情，都会碰到次序、步骤的问题，也有效率和结果的不同，这就是因果关系，就是逻辑。更复杂的独立思考、判断的习惯是在独立意识的基础上，在感觉经验和知识的积累中形成的。

或许孩子大一些父母才会比较关注这一点，但这种能力不是说有就有的，这更多的是长期训练之后形成的一种对环境和面对事情的反应习惯。如果孩子小时候没有这种习惯或能力，可以肯定地说，长大后也不会有。

5. 引导孩子的生活态度和价值观

孩子有没有生活的态度？有没有是非的意识？当然有，可能不显著。但孩子逐步具备了事物的简单意识之后，几乎每时每刻都在对外界事物和信息进行着判断和选择。父母通过孩子在一点一滴小事中的不同做法的选择加以引导，就可以逐步培养其乐观、向上的生活态度和良好的价值观。

作为父母，当然不能对孩子不加管教、听之任之，但是控制过严又可能压制孩子天真烂漫的童心，对孩子的心理健康产生消极作用。所以，要对孩子多一些引导，不妨让孩子在不同的年龄阶段拥有不同的选择权。只有从小能享受选择权的孩子，才能感到真正意义上的快乐和自在。

二、创造良好的交流方式

孩子的健康状况向来都是父母关注的问题。但是，许多父母关心的只是孩子身体是否健康。因为多年来，人们对健康一直存在这样一种认识，即健康就是身体无疾病。其实，这样的理解是很不全面的。世界卫生组织对健康下的定义为："健康是一种身体上、精神上和社会适应上的完好状态。而不是没有疾病及虚弱现象。"

在这种情况下，许多父母常常忽视孩子的心理是否健康。一个孩子在日记中这样写道："我很想把自己遇到的不开心的事，我的烦恼告诉我的父母，我很想得到他们的帮助，想听听他们的意见。可是又有一个声音在我耳边提醒我不要说，多没面子，同学们会怎么想？父母能理解我的心情吗？我又该怎么开口呢？"

这是很多孩子经常遇到的问题。青春期的孩子生理剧变引起情感上的动荡，适当的释放才能获得平衡，有话想找别人倾吐、诉说，但因为控制能力的增强，这种情感的激荡会被压抑起来，碰到父母迟迟不肯开口，逐渐表现出"闭锁性"的特点。

怎样才能打开这个年龄段孩子的心锁，和孩子建立一个良好的沟通平台呢？

用小纸条交流，或者给孩子提建议，不失为一个好办法。因为用小纸条交流有如下独特的功能。

1. 维护孩子的自尊

处在生长发育期的孩子，自我意识增强的同时自尊心也异常强烈，他们希望得到尊重，希望像成人一样发表自己的见解，独立意识非常强烈。恰恰因为独立意识的发展，逆反心理严重，父母越是明令禁止的事情他们偏偏要做。这个时候如果当面批评，很可能激起他的逆反。或者认为是不给他"面子"。用小纸条交流的方式，语言贴近孩子，保护了其强烈的自尊心，又让其感觉到父母像一个大朋友一样对他的关注和关心。

2. 良好的交流平台

有些孩子，甚至有些父母，认为只有心理不健康的人才需要咨询，去心理咨询的是神经病。因为没有形成良好的社会支持系统，导致很大一部分孩子不会主动走进心理咨询室，但同时他们又希望得到帮助。小纸条交流为这部分孩子提供了良好的交流平台，使他们能和父母进行心灵的沟通。

3. 良好的交流形式

因为个体的差异，有些孩子口头表达能力相对较弱，或者羞于表达，使其不能良好地表达自己真实的想法。利用小纸条交流的形式，这部分孩子可以在没有外界干扰和压力的情况下表达自己的想法。小纸条交流对于表达能力弱的人是一种良好的交流形式。

可以说，用小纸条给孩子提建议，简短但不失成效，成为目前很多父母和孩子交流的好方法。

刘福梁的儿子今年十三岁了，按说这个年龄的他正是和父亲对立、向父亲挑战的时候，但恰恰相反，他的心里话全都跟刘福梁说，父子关系相当融洽。周围的人都特羡慕刘福梁，向刘福梁讨教，其实，这全是一张张小小的纸条的巨大功效。

这之前曾发生过一件事：八岁的儿子还在读二年级时，回到家不是睡觉就是看电视，说是作业做完了。不久刘福梁参加了一次学校召开的家长会。会后他才知道，儿子从未向老师交过家庭做作业！刘福梁火冒三丈地回到家，看了看表，都放学半个小时了，儿子怎么还没回家？刘福梁越发生气了，这小子又去玩儿去了？刘福梁冲出门去，忽然看到儿子坐在门前的台阶上，刘福梁不由得举起巴掌，儿子听到了，猛地一转头，看到了刘福梁的巴掌，儿子的目光中顿时流露出恐惧。刘福梁忽然看到他的膝上放着书本，握着铅笔的小手冻得通红。刘福梁举起的巴掌缓缓地落下了。

刘福梁赶忙拉起儿子冰凉的小手，边搓着，边把他拉进家中。

吃晚饭时，刘福梁尽量装作什么事都没发生似的；和儿子的谈话也尽量避免家长会的话题，可儿子眼中的恐惧和迷茫仍然没有消失，刘福梁的心也痛了起来。在儿子进卧室前，刘福梁写了一张这样的纸条："好儿子，你如果能及时、认真地做完作业，上课认真听讲，爸爸相信你是最出色的！"

带着深深的歉意，带着对儿子的焦虑，刘福梁久久不能入睡，儿子房间里的灯光很晚才熄灭。

第二天早上，餐桌边有张纸条："爸爸，对不起，我知道错了。我会努力的！！！"那三个重重的感叹号和纸条上的斑斑泪痕，令刘福梁既想笑又想哭，儿子长大了。

此后，刘福梁父子俩不断通过纸条来往，儿子的成绩直线上升，老师的表扬时常入耳。

心理学研究表明，孩子对父母有一种特殊的信任和依恋。当父母主动、真诚而反复地向孩子传递"爱"的信息时，就会激起孩子的情感的"回流"。作为父母常常会给孩子悄悄地递个纸条，让小小的纸条传递亲情，往往会收到事半功倍的教育效果。

那么父母在与孩子用小纸条交流时，应注意什么呢？

（1）写上父母要说给孩子的话

这样的交流可以在孩子提出问题以后开始，但更多的是父母发现问题后主动出击，在作业本上以朋友的口吻或讨论式的语气写上发现的问题。不一定是长篇大论，也不一定是至理名言，用最贴近孩子的表达方式和他们交流。这种方式易于被孩子接受。

（2）发现孩子心中的期待

大量的事实证明，孩子的心理健康比身体健康更重要。因为心理健康状况不仅会影响到孩子的身体健康状况，而且还会影响到孩子的学业。现代科学研究表明：孩子的心理健康状况，对他们的全面成长和全面发展影响巨大。拿出一张小纸条，让孩子写下他喜欢什么？喜欢怎样与父母相处？你希望父母怎么做？都可以写下来。父母可以通过这种方式获得孩子对自己的期待，并朝着他们期望的方向努力。

（3）让孩子说出心中的秘密

可以鼓励孩子，把他们希望对父母说的话写下来。当父母和孩子之间有矛盾时，这样的纸条交流可以减轻孩子的心理负担。因为在许多孩子心目中，父母的说教无异于宣判会，孩子只有听的份儿，而不能平等地交流，而有了小纸条就不同了，父母和孩子你来我往，孩子也有了说话的机会，父母更容易了解到孩子心中的想法。

心理学家的调查表明，一个人能否成功，知识和智力方面的因素占30%，而非智力因素占70%。也就是说，在相同的条件下，愉快的心情，高度的自信心，平静的心境与心态，对于成败有很大的关系。用小纸条给孩子提建议吧，一定能帮助孩子缓解身心压力，在孩子成才过程中起到很好的作用。

三 、尊重孩子的天性

自由自在是孩子的天性。想让孩子快乐成长就必须尊重规律、尊重孩子的天性，让孩子拥有一些自由的空间。否则，过分管束孩子，过分催逼孩子，对孩子的身心健康是十分有害的。

现在的孩子，每天早晨六点钟就起床，到晚上十二点多钟甚至更晚才睡觉，时间安排得特别紧。许多孩子双休日也要补课，或是参加各类提高班。他们没有时间玩耍，没有时间看电视，没有时间从事体育和文娱活动，没有属于自己的自由的时空。

教育家们经过大量的研究后发现，如果对一个禀赋正常的孩子从小实施科学的培养，那么，这个孩子的发展前途是难以估量的。但是，令人惋惜的是，在我们的周围，却有很多从小天赋很好的孩子没被教育成材。这些孩子的父母在学习上对孩子提些不切实际的要求，对孩子的言行过分挑剔，管得太多，管得太严，不让孩子拥有一点点自由的空间，最终引起孩子的逆反与怨恨的心理。

有的人即使在父母的催逼下成才了，甚至成了知名专家，但由于小时候曾受到父母过度的管束和催逼，结果留下了终生的心理创伤。

如英国的哲学家约翰·斯图尔特·穆勒就是一例。穆勒小时候，其父亲不允许穆勒有假日，唯恐打破他天天刻苦学习的习惯，也不给他丝毫自由，事无巨细地对他严加管束，不允许他有"随意"的爱好。穆勒因此在青年时期经常精神抑郁，终身都感到有心理障碍。他常常痛心疾首地向人回忆起父亲压制自己的情景。由此可见，父母要给予孩子一定的自由发展的空间，不能总用自己的眼光和标准，来苛刻地要求孩子。否则会对孩子造成伤害。

12岁的徐影刚刚起床，正在洗手间梳洗。妈妈推门进来，盯一眼徐影，说道："又是先洗脸后刷牙，我跟你讲过多少次了，你为什么不听，一定要先洗脸后刷牙呢！你这样做不符合通常的程序。为什么总不听？明天记住要先刷牙后洗脸，然后再梳头。"徐影噘着嘴，一副厌烦的样子。

一会儿徐影从自己的房间出来，妈妈抬眼一看，顿时发火了："我告诉你要穿那套新买的裙装嘛！我把它放在你床头，你没有看见吗？"

自从进入初三以来，徐影便没有了自由，不能自己支配时间，整天埋在书桌旁半尺多高的题海中。妈妈把徐影刚买的羽毛球拍没收了，挂在墙上的明星画也被没收了，换成了"学习计划"、"十不准"的规则和一抬头就可以看见"快学习"的警告条。爱看电视的徐影也得向电视机说"拜拜"了。每天放学回家，除吃饭以外，徐影都被束缚在小书房里，而且每天不到深夜一点钟不许睡觉。

记得有一次，徐影把老师布置的作业、妈妈布置的作业都完成了，把明天要上的课也预习了，正好妈妈又不在家，徐影于是轻松地伸了个懒腰，顺手打开那久别的电视机。不料刚刚打开电视，妈妈就回来了。

顿时，她沉着脸，对徐影吼道："不去复习，你还有时间看电视？你看邻居彩霞姐姐都考上市重点高中了，你看你怎么比得上她，肯定连高中都考不上……"后面的话，徐影一句也没听进去，委屈的泪水顺着脸颊直流下来。徐影快步跑进书房，看着"快学习"的警告条发呆。

从本案例可以看出：徐影的妈妈当然是爱女儿的，但在她的家教中有很强的专制成分，对女儿管得太严、太苛刻，这等于剥夺了孩子的自主权，遭到反抗是很正常的。

在物质生活十分丰富的今天，孩子的成长出现了一些矛盾的现象：房屋的空间越来越大，心灵的空间越来越小；外界的压力越来越大，内在的动力越来越小，这些矛盾常常让孩子很不快乐。

对此，现代父母一定要当心，给孩子足够的自由，对一些无关紧要的事情，少管或不管，让他们养成独立生活的习惯；同时，避免他们因这些小事产生逆反心理，从而拒绝接受所有的要求，包括合理的要求。那么，怎么正确地教导孩子呢?

1. 一定要时刻信任孩子

让孩子有被信任的感觉，父母越信任孩子，孩子就会越讲信用。否则，他就会对你撒谎。比如有些父母，因害怕孩子交上坏朋友或异性朋友而不愿给孩子自由的空间，甚至不择手段地了解、侦察孩子的动向，监听孩子的电话，偷看孩子的日记和信件，父母的这些行为，不仅不能达到教育的目的，反而会引起孩子的强烈反感，严重伤害孩子的感情。

2．要尊重孩子的独立人格

父母与孩子之间更应是真诚的、平等的朋友关系，而不是"上下级"关系。千万不要把孩子当作自己的附属品。要让孩子从小学会独立、学会自己管理自己、自己约束自己。

3. 给孩子创造良好的家庭环境

要给孩子一定的"权利"，给孩子一定的时间和空间，不要过分看管，更不应实施监控。应让孩子有权拥有一定的隐私。